하고 싶은
_____ 일을 하며
살기로 했다_____

하고 싶은 일을 하며 살기로 했다

초판 발행 2021년 9월 3일

지은이 노영태
펴낸이 김채민
펴낸곳 힘찬북스

출판등록 제410-2017-000143호
주소 서울특별시 마포구 망원로 94, 301호
전화 02-2272-2554
팩스 02-2272-2555
이메일 hcbooks17@naver.com

ISBN 979-11-90227-16-2 03190

값 15,000원

스타트업을 꿈꾸는 MZ들에게
아이돌 출신 스타트업 CEO가 말하는 창업 노하우

하고 싶은
일을 하며
살기로 했다

노영태 지음

HC books

[차 례]

1부
좋아하는 일을
찾아서

" 나는 광고하는 '노가리' 노영태다

나를 광고 회사 CEO라고 소개하면 특목고 졸업 후 명문대에 입학해 광고나 경영을 전공한 뒤 창업을 했을 거라고 생각하는 사람이 많다. 소위 엘리트 코스를 밟았을 거라는 예상은 내게는 해당되지 않는다. 나는 책상에 앉아있기보다 사람을 만나거나 몸으로 직접 부딪쳐 배우는 경험을 좋아하는, 외향적이지만 반에 한 명씩은 꼭 있는 평범한 학생이었다.

내가 새로운 경험이라면 대학가요제든 UCC든 방송국이든 주저하지 않고 도전했던 이유는 단 하나였다. 좋아하는 일을 찾기 위해.

이왕이면 좋아하는 일을 하면서 살고 싶었다. 당장 어디든 취업하는 것에 연연하거나 안정적이지만 지겨운 직장 대신 평생 즐겁게 할 수 있는 내게 딱 맞는 일을 찾기 위해서는 다양한 경험과 도전이 필요했다. 물론 모든 경험과 시도가 성공적인 결과로만 이어진 건 아니었지만, 결국 작은 성공과 실패 끝에 내게 딱 맞는 일을 찾았다. 그러니 나의 20대는 이렇게 요약할 수 있을 것이다.

"

'좋아하는 일을 찾기 위한 여정'

01

몸과 마음이 말하는 시그널

나의 체질을 일찍 알아채기

고백하건데 나는 공부 체질이 아니었다. 이 사실을 조금 더 일찍 알아차렸다면 좋았으련만, 재수 후 두 번째 수능시험을 보고 나서야, 1년간 재수학원에 틀어박혀 공부했음에도 직전 수능에 비해 고작 5문제만을 더 맞춘 성적표를 받아들고 나서야 깨닫게 된 것이다.

그렇다면 왜 내 머릿속에는 '내가 안 해서 그렇지 하면 잘한다'는 굳은 믿음이 자리하게 된 걸까? 생각해보면 나는 어려운 문제를 풀었다는 희열보다 높은 점수를 받았을 때 부모님이 보여주는 반응이 좋았다. 성적과 상관없이 전교 회장 선거에 출마해 선거 운동을 하고 당선되었을 때나, 안양시 스카우트 연맹 총회장으로 당선되었을 때는 그 어느 때보다 짜릿했다. 사람들 앞에 나서서 어떤 말을 할지 준비하는 과정마저 설레고 두근거렸다. 그러니까 내가 희열을 느끼는 분야는 책상에 앉아 공부하거나 연구하는 정적인 활동이 아니라 의자를 박차고 일어나 활동할 때였다.

전교 회장 선거에 나갔을 때, 내 성적은 반에서 겨우 10등 정도였다. 당시에는 반에서 1, 2등 하는 친구들이 전교 회장을 맡곤 했기 때문에 어중간한 성적인 내가 선거에 나간다고 하니 선생님은 물론이고 부모님도 개운치 않아 했다. 그런 이유로 나의 홍보 전략은 다른 후보들과는 달라야 했다. 사전 조사를 해보니 학생들은 후보의 실천 공약에는 큰 관심이 없어 보였다. 혁신적인 공약이 아닌 이상에야 기억에 남는 후보자에게 투표하는 것 같았다. 그렇다면 내게도 승산이 있었다.

나는 내 별명인 '노가리'를 활용한 반복과 집중 전략으로 접근하기로 했다.

'너의 친구 노가리, 우리 곁엔 노가리, 함께 가리 노가리'

선거유세 동안 내가 얼마나 좋은 인재인지나 공약을 알리기 보다는 학생들의 머릿속에 '노가리'만 각인시키기로 했다. 각 교실을 돌며 칠판에 노가리 그림만 그리며 홍보했다. 플래그 카드로 준비한 물고기

그림을 들고 복도를 뛰어다니며 수십 마리 노가리가 헤엄치는 모습을 연출하기도 했다. 그렇게 학생들의 머릿속에 '기호 X 번 노가리=노영태'를 주입시켰고 투표 결과는 대성공이었다. 개교 이래 첫 100등 전교 회장이 탄생한 것이다.

반면 내 10대 인생에서 가장 오래 앉아있던 때는 중학교에 다닐 때였다. 내가 살던 안양시에는 고등학교 입시시험이 존재했었다. 중학교 3년 동안 내신과 입시시험을 잘 준비해야 원하는 고등학교에 지원할 수 있었다. 내가 원하는 건 아니었지만 부모님을 실망시키고 싶지 않은 마음에 자연스레 공부를 하기로 마음먹었고, 수업시간에 배운 내용을 무조건 외우기 시작했다. 그렇게 3년의 시간을 보내고 나서 나는 희망하던 고등학교에 입학할 수 있었다. 부모님은 이 기세를 이어 서울대, 연·고대를 목표로 공부할 수 있을 거라고 기대했지만, 그리 오래가진 못했다. 공부 체질이 아니었던 내게 고등 수학은 좀처럼 따라가기 힘든 수준이었기 때문이다. 고등 수학은 단순 암기가 아닌 이해력과 논리력이 필요했다.

그렇게 공부에 흥미를 잃어갈 즈음 보이스카우트 입단 제안이 들어왔다. 2개 학교의 보이스카우트와 8개 학교의 걸스카우트가 모여 텐트를 치고 캠핑을 하며 봉사활동을 다닌다는 홍보 문구에 억지로 의자에 붙어있던 내 엉덩이가 들썩였다. 보이스카우트 활동은 나서기 좋아하는 내 기질과 아주 잘 맞았고, 보이스카우트 2년 차에는 안양시 스카우트 연맹 총회장으로 당선되어 10개 학교의 리더가 되기도 했다.

이런 내가, 누구보다 나서길 좋아하는 내가 한 번 더 의자에 앉아있기로 선택한 건 수능을 보고 난 후였다. 스카우트 활동으로 정신없이 시간을 보낸 고등학교 2학년, 내 성적은 50명 중 50등. 다시 말해 꼴등이었다. 부모님을 실망시키고 싶지 않아 고3 때는 남들처럼 수능 준비를 했지만 1년 만에 원하는 성적을 내기란 쉽지 않았고, 나는 재수를 선택해야 했다.

이제와 돌이켜보니 내가 책상 앞에 진득하게 앉아있지 못하고 엉덩이를 들썩거렸던 게 실은 몸에서 보내오는 신호였다는 생각이 든다. 책보다는 사람과 어울리는 게 내게 어울리는 일임을 내 몸과 마음은 이미 알고 있었던 것이다. 하지만 나름 다양한 활동을 한 나조차도 내가 어떤 성향인지 알아채는 건 쉽지 않았다. 학생이라는 신분은 무조건 공부를 해서 대학에 가야 한다는 강박에 시달리는 시기이기 때문이다. 시대 탓을 하려는 건 아니지만 나의 학창시절은 지금과는 많이 달랐다. 개개인의 개성과 능력은 철저히 무시당하고, 학생은 무조건 공부를 해서 대학에 가야만 성공할 수 있다고 믿던 시대였다. 부모님의 기대와 선생님의 조언, 사회가 요구하는 기준에 맞추다 보면 내가 어떤 사람인지, 무엇을 할 때 행복과 성취감을 느끼는지, 오로지 나 자신에 집중하기 힘들었다. 내 체질에 맞는 활동을 해보려 하다가도 금세 다시 학생의 본분으로 돌아와야만 했다.

만일 내가 몸과 마음이 말하는 시그널을 일찍 알아차렸다면 어땠을까? 체질에 맞지 않는 공부에 시간을 소비하지 않고 나의 강점과 관심사에 집중했더라면, 내가 잘할 수 있는 일과 하고 싶은 일에 몰두했다면 나의 20대는 달라지지 않았을까? 그랬다면 재수를 하면서까지, 대충 성적에 맞는 전공을 선택해 대학에 가지는 않았을 것이다.

21살, 재수생이라는 이름으로 입학한 대학교는 내 상상과는 아주 많이 달랐다. 대학생이 되면 해보고 싶은 일이 참 많았는데 1년간 뒷바라지해주신 부모님께 미안한 마음에 대부분의 시간을 적성에 맞지도 않은 전공 공부와 아르바이트에만 매달렸다. 학업과 돈에 시달리는 대학 생활이라니.

내가 원하면 무엇이든 할 수 있는 성인이 되었는데 10대와 별반 다르지 않은 삶을 살면 안 될 것 같았다. 아르바이트를 하고 왕복 4시간의 거리를 통학하며 지내는 동안 내 속에선 활동가적 체질이 꿈틀대고 있었다.

하고 싶은 일을 찾는다는 것
UCC 콘테스트로 SBS 스타킹 출연까지

"영태야, 넌 꿈이 뭐야?"

달콤할 줄로만 알았던 대학 생활을 아르바이트로만 보내던 21살의 어느 날, 일하던 바에서 만난 형의 질문에 하던 일을 멈추고 생각에 빠졌다. 꿈. 꿈이라. 공부 체질인 줄로만 알고 재수까지 해서 성적에 맞는 대학에 들어온 이후로는 떠올려본 적 없는 단어였다. 형은 달랐다. 바텐더 공부가 끝나면 레스토랑에 취업해 경력을 쌓은 뒤 세계에서 가장 큰 크루저에 취직해 셰프가 되겠다는 꿈을 이야기하는 형의 눈빛은, 눈앞에 그림을 묘사하듯 구체적이고 선명해 보였다. 오로지 책상 앞에서 10대를 보내고 수능 성적표를 받아들고 나서야 대학교와 학과를 고민하기 시작한 나와는 달라도 너무 다른 모습이었다. 주체적으로 자신의 삶을 계획하고 실천해 나가는 형을 보며 생각했다. 나도 나의 꿈을 찾고 싶다고.

하지만 어떻게, 어디서 꿈을 찾아야 할지 몰랐다. 내가 해본 일이란 10대 때 했던 대외활동과 아르바이트가 전부였기 때문이다. 많은 일을 해봐야 내게 맞는 일을 찾을 수 있을 것 같아서 분야에 상관없이 닥치는 대로 단기 아르바이트에 지원하기 시작했다. 영화 엑스트라, 어린이 연극, 사진 촬영 대역, 미술품운반, 전통결혼식 보조, 방청객, 선거 운동, 도서정리, 음성녹음, 배송, 문서정리, 창고정리 등. 세상에 이렇게 많은 일이 존재한다는 걸 알게 된 것도 그때였다. 일하는 시간보다 이동시간이 더 걸리는 일도 있었고, 5분 방송을 위해 5시간을 대기한 적도 있었다. 사람들 앞에서 하는 일도, 사람들 뒤에서 하는 일도 있었다. 그렇게 경험이 쌓이다 보니 내가 하고 싶은 일이 무엇인지 조금씩 보이기 시작했다. 많은 에너지가 소모되기는 했지만 내가 어떤 일을 할 때 즐거운지, 불편한지에 대한 데이터베이스를 쌓을 수 있었다.

'사람은 하고 싶은 일을 해야 해.'

본격적으로 하고 싶은 일을 하기 시작한 건 군대를 다녀온 뒤 UCC를 제작하면서부터였다. 당시 한국에는 유튜브 콘텐츠의 원형인 UCC User Created Contents 바람이 불어 다양한 UCC 콘테스트가 많았다. 특히 문화적으로 '엽기'적인 코드가 먹히던 때였다.

국내 주류 업계에서 다양한 과실주가 생산되고 있음을 파악한 나는 고등학교 선배와 함께 복분자의 효능을 중독성 있는 가사와 멜로디로 전달하는 엽기송 UCC를 만들었다. 한때 인터넷을 뒤흔든 '복분자송'이 우리가 만든 영상이었다.

복분자 복분자
복분자 복분자
복분자 복분자

엄마가 마셔버린 복분자이야이야
그리고 사라졌네 아빠야이야이야
넌 뉘집자식이냐 동생아이야이야
미치고 식겁치네 복분자이야이야
요즘 여자에겐 남잔 필요 없고
오이지 대신 복분자
요즘 애들에겐 엄만 필요 없고
쭈쭈바 대신 복분자

시작할 때부터 끝날 때까지 무한 반복되는 멜로디에, 3분 20초 동안 같은 단어가 총 156번 반복되어 한 번 들으면 바로 따라 부를 수밖에 없는 중독성이 강한 노래였다. 여기에 우스꽝스러운 춤까지 더해 영상으로 만들었다. 콘테스트 결과는 탈락이었지만 대중의 반응은 뜨거웠다. 시청자들은 복붙자송의 패러디를 양산해냈고 팬도 생기기 시작했다.

이쯤 되니 학교 공부는 재미가 없었다. 오로지 우리가 만든 음악과 영상에 대한 대중의 반응을 보는 재미로 살았다. 각종 포털사이트 메인에 우리가 만든 영상이 인기 동영상으로 노출되면서 SBS, KBS, MBC 등 각종 방송사에서 인터뷰 요청이 쇄도했고, 광고 회사와 포털사이트에서 영상제작을 의뢰받기도 했다. 아르바이트로 생활비를 충당하던 내가 큰 단위의 돈을 벌면서 학비 걱정도 사라졌다. 좋아하는 일을 하면서 돈도 벌 수 있다니, 내가 가야 할 길은 이쪽이구나! 이제부터 나는 엽기댄스 가수가 되기로 했다. 지쳐 있는 대학생과 직장인에게 웃음을 주는 인터넷 스타 말이다.

자발적으로 한 가지 일에 몰입해본 건 이때가 처음이었다. 결과와 상관없이, 즐거운 마음으로 시간을 들여 할 수 있는 일이 있다는 사실에 그저 감사했다. 무채색처럼 살던 1년 전까지만 해도 내게 이런 변화가 생길지는 꿈에도 몰랐다. 목표를 세우고 차근차근 준비한 일이 아니었기 때문이다. 그럼에도 내게 온 기회가 운이라고는 생각하지 않았다. 바텐더 형을 만난 이후, 어디에 쓰일지도 모를 시도와 경험을 하며 보낸 시간들이 만들어낸 결과라고 믿었다. 내가 하고 싶은 일을, 드디어 찾은 것이다.

6개월간 UCC 활동을 하다 보니 영상제작뿐 아니라 오프라인 공연도 하면서 활동 반경이 넓어졌다. 나는 우리가 어떤 활동을 하는지를 포트폴리오처럼 꾸준히 인터넷에 업로드 했고, 그로 인해 다양한 곳에서 영상제작, 축제 공연 등의 섭외 요청이 들어왔다. 그러던 어느 날 지금까지와는 규모가 다른 한 통의 전화를 받았다.

"안녕하세요. SBS 스타킹입니다."
"어디라고요?"
"SBS 스타킹 작가입니다. 섭외하고 싶어서요."

지금은 종영한 프로그램이지만 당시만 해도 SBS 스타킹은 10년간 사랑을 받은 국민 예능이었다. 높은 시청률 덕에 스타킹에 출연한 일반인들은 곧장 스타가 되기도 했다. 그런 프로그램에서 섭외가 올 줄이야. 예상치 못한 연락이었지만 이 방송이 우리에게 큰 기회가 될 거라는 데에는 의심의 여지조차 없었다. 녹화 날짜가 잡힌 뒤 근 한 달 가까이 방송 출연을 위한 준비만 하며 디데이를 기다렸다.

　방송 녹화 당일. 우리 멤버 3명과 스튜디오 뒤편에서 떨리는 마음으로 손을 꼭 잡고 있던 모습이 아직도 선명하다. 긴장감이 흐르는 우리 사이에 대화는 없었지만 준비한 모든 것을 보여주고 내려오자고, 눈빛으로 말하고 있었다. MC 강호동의 소개와 함께 우리는 야심 차게 준비한 반짝거리는 은박지 옷을 뽐내며 스튜디오 중앙에 서서 복분자송에 맞추어 춤을 추었다. 너무 격렬하게 춘 나머지 노래가 끝날 즈음에는 은박지가 모두 벗겨져 있었다. 어떻게 흘렀는지도 모르게 한 시간이 지났고 마지막 곡만 남겨둔 상태였다. 복분자송으로 유명해진 우리지만 마지막 임팩트가 있어야 한다고 생각해서 준비한 곡이었다. 이름하야, 강호동송! 당대 최고의 MC였던 유재석과 강호동을 섞어 만든 노래였다.

　녹화분 방송 당일. 결과는 우리의 예상과 정확하게 일치했다. 네이버 실시간 검색어 1위에 복분자송이, 5위에 강호동송이 오른 것이다. 방송이 끝날 즈음 친구, 가족들의 연락이 쇄도했고 인터넷, 블로그, 카페 등이 우리의 이야기로 넘쳐났다. 이전에 업로드해 둔 동영상의 조회수도 폭발적으로 늘었다. 우리가 만들어낸 결과라는 게 믿기지 않앞다. UCC 콘테스트를 위해 만든 복분자송이, 우리를 이곳으로 데리고 올 줄은 꿈에도 몰랐다. 내게 맞는 일을 찾고 나니 그다음부터는 해야 할 일들이 차례차례 날 기다리고 있는 기분이었다.

그 과정에 늘 지지만 받은 건 아니었다. 취업 준비, 학점관리, 자격증 취득 대신 UCC 활동을 하는 나를 한심하게 보는 사람도 많았다. 그게 일이 되겠냐는 핀잔 섞인 질문도 많이 받았다. 하지만 TV 출연 이후 나에 대한 평가가 조금씩 바뀌기 시작했다. 취업 걱정뿐이던 부모님도 '영태가 어려서부터 끼가 많았다'며 나를 응원했다. 유명해지고 싶다는 마음보다는 내가 하고 싶은 일에 대한 진정성을 인정받고 싶었기에 꾸준히 하는 것밖에는 방법이 없었다. 그런 꾸준함 끝에 기회가 찾아왔고, 크고 작은 실패와 좌절 그리고 성취의 경험을 통해 얻은 데이터베이스로 나는 내가 그 일을 잘할 수 있다는 걸 직감적으로 알았던 것이다.

잘할 수 있는 일, 잘하고 싶은 일을 찾았으니 이제부터는 무작정 부딪혀보는 경험이 아닌 선택과 집중을 해야 할 때였다.

03

속도가 아니라 방향
엔터테인먼트 계약과 예상치 못한 실패

이제 와 말하지만, 나는 건축가가 되고 싶었다. 그러나 내 성적으로는 원하는 대학교의 건축학과는 갈 수 없었고. 비슷한 전공으로 선택한 게 도시공학이었다. UCC 활동의 영향도 있었겠지만, 원하던 학과가 아니라서 그런지 점점 전공에 흥미를 잃어갔다. 스스로에게 끊임없이 물었지만 도시공학을 지속할 이유를 찾지 못했고, 더 늦기 전에 멈추어야 한다는 생각마저 들었다.

반면 UCC 팀의 리더로 활동하면서 동영상 제작이나 행사 계약에서부터 결제, 팀 운영, 홍보, 영업을 도맡아 하다 보니 경영에 관심이 가기 시작했다. 영상제작과 방송 일을 하는 한 경영을 배워두면 언젠가 도움이 될 것 같았다. 그해 나는 경영학과로 전과를 했다.

경영학 수업은 공부 자체만으로도 즐거웠다. 특히 광고 수업 교수님의 "광고는 사랑이다"라는 말은 광고업계에 10년간 몸을 담고 있는 지금까지도 마음속에 남아있다. 광고를 잘하려면 기본적으로 고객의 관심사를 잘 알아야 한다. 우리의 고객이 무엇을 먹는지, 보는지, 입는지, 하는지. 마치 내가 사랑에 빠진 상대를 알아가듯 궁금해해야 한다. 고객의 니즈와 취향을 얼마나 파악하고 있는지가 광고의 성패를 좌우하기 때문이다.

하지만 경영학이라는 학문에 대한 흥미와는 별개로 학교를 계속 다녀야 할지 혼란스러웠다. 학교가 아닌 현장에서 실무를 쌓는 게 더 중요하다는 생각이 들었다. UCC 활동은 방송 출연으로 이어졌고 엔터테인먼트, 방송, 공연 등 현장에서 보고 배우는 것들이 많던 때였다. 고민하던 나는 대학을 그만두는 대신 엔터테인먼트 활동에 전념하기 위해 휴학을 결정했다. 마침 KT IPTV 방송 개국 기념으로 진행한 'U 스타 오디션'이라는 프로그램 결승 무대를 본 매니지먼트사로부터 전속 계약 제의를 받은 상황이었다.

스물일곱이라는 나이에 휴학을 결정할 때 주변의 만류가 심했다. 그저 경험을 쌓기 위해서라는 이유로는 부족했다. 이제는 취업을 위해 계획적으로 준비를 해야 할 나이였다. 대학 동기들이 하나둘 안정적으로 자리를 잡아가는 때에 미래가 확실하지 않은, 언제 그만두게 될지 예측할 수 없는 엔터테인먼트 산업에 발을 들이는 게 맞는 일인지 고민이 되기도 했지만, 문제는 속도가 아니라 방향이라는 생각이 들었다. 내게는 당장에 취업을 하는 것보다 간신히 찾은 내가 가고자 하는 방향으로 걸어가는 게 더 중요했다.

휴학 후 나는 꽤 본격적으로 엔터테인먼트 사업에 뛰어들었다. 인터넷과 TV를 통해 활동하던 우리 팀의 모습을 꾸준히 지켜보던 소속사와 보컬, 댄스 전문 트레이닝과 숙소와 차량, 매니저까지 지원해준다는 조건으로 계약을 했다. SBS 스타킹에 출연하고 불과 2개월 만에 벌어진 일이었다.

우리는 낮에는 보컬 트레이닝, 오후에는 헬스장에서 몸을 만들고 밤에는 안무 트레이닝을 받으며 데뷔 준비를 연예인만 다닌다는 청담동 미용실에서 관리를 받고 검은색 밴에서 늘 기다려주는 매니저가 생겼다. 회사에서는 먹는 것부터 잠자리까지 모든 걸 챙겨주었다.

소속사가 있다는 게 이런 느낌이구나!

이전까지는 공연이 몰리는 날이면 단 한 벌밖에 없는 땀에 젖은 옷을 다시 입어야 했고, 메이크업과 헤어는 직접 준비해야 했다. 모든 걸 스스로 준비하다 보니 끼니를 거르는 것은 당연시되었고, 프로필을 돌리는 것, 노래와 안무 연습 등도 모두 우리가 해결해야 했다. 하지만 이제 모든 것이 바뀌었다. 지방 공연하러 갈 때면 아버지의 구형 차를 빌려 타고 10분 공연을 위해 5시간을 운전하는 날도 많았는데, 이런 날이 올 줄은 상상도 하지 못했다.

데뷔는 그리 오래 걸리지 않았다. 3년간 인터넷에서 활동하면서 만든 노래만 10곡이 넘었고, 이미 인지도도 있었기 때문이다. 우리가 만들어놓은 음악이 시장에서도 충분히 통할 거라고 믿었던 소속사의 응원에 힘입어 우리는 '에그'라는 혼성 댄스그룹으로 데뷔할 수 있었다.

데뷔 후 뮤직비디오가 방송국으로 송출되자 소속사 사장님은 각종 연예채널 인터뷰와 라디오, 공연 등 우리를 노출시키기 위해 사방으로 뛰어다녔다. 인터넷에서 인지도가 있었지만 신인 가수나 다름없었기에 기회가 생길 때마다 우리가 가진 에너지를 전부 소진할 정도로 최선을 다해 임했다. 시간이 갈수록 미용실이 익숙해지고 무대에 서는 것이 편안해졌다. 그런 모든 순간마다 내가 이 일을 하려고 그렇게 오랜 시간 경험하고 방황했구나 싶었다. 그동안의 고생을 보상받는 기분으로 하루하루를 뿌듯함으로 채워나갔다. 나는 그야 말로 연예인 체질이었다.

그러나 대중의 인기와 관심은 오래가지 않았다. 첫 앨범이 생각만큼 잘되지 않았기에 형편이 어려워진 소속사는 나이트클럽, 선거 홍보 등 무리하게 공연 스케줄을 잡았고, 원하지 않는 공연을 하는 횟수가 늘어날수록 멤버들의 불만도 커졌다. 매번 최선을 다해왔던 우리도 결과에 낙담한 건 마찬가지였다. 그렇다고 물심양면으로 우릴 도와준 사장님을 외면할 수도 없었다. 서로의 탓만 하는 멤버와 소속사 사이에서 조율을 하던 나도 점점 지쳐갔다. 처음 계약을 하던 때에 품었던 목표와 멀어지면서 방향을 잃어버린 것 같았다. 그저 내가 즐겁게 할 수 있는 일을 직업으로 삼고 싶었을 뿐이었지, 이런 결과를 원한 건 아니었다. 우리를 믿고 투자해준 소속사를 위해 끝까지 버텨보려고 했지만 소속사에 돈을 벌어다 주기 위해 원하지 않는 무대에 설 수는 없었다. 많은 부침 끝에 결국 우리는 모든 방송 및 매체 출연 금지를 조건으로 소속사와의 계약을 해지하고 각자의 자리로 돌아갔다.

UCC 활동과 댄스그룹 '에그' 활동까지, 정신없이 시간을 보내고 나니 내 나이는 스물아홉이 되어있었다. 대학도 졸업하지 못했는데, 계약 위반 조항 때문에 이제는 무대에 설 수도 없고 좋아하던 UCC 제작도 할 수 없게 된 나는 20대를 통째로 날려버린 듯 상실감에 빠졌다.

내게 딱 맞는 일을 찾았다고 생각해 취업 대신 선택한 길이었기 때문에 스스로가 더욱 패배자처럼 느껴졌다. 순풍에 돛단배처럼 순항하던 내 인생이 한순간에 거친 풍랑을 만나 깊고 어두컴컴한 바닷속으로 고꾸라진 것이다. 핑계를 댈 수도 없었다. 내가 하고 싶어서 선택한 일이었기 때문이다.

그렇다고 이대로 가만히 있을 수는 없었다. 어떻게 해서든 떨어진 자존감을 회복해야 했다. 인생은 속도가 아니라 방향이라는 문장을 마음속에 되새겼다. 좋아하는 일을 위해 최선을 다했고, 결과가 어떻든 소속사 계약과 정식 데뷔까지 했으니 실패는 아니라고 생각하기로 했다. 4년간 팀의 리더로 일하며 책임감이 무엇인지 제대로 배웠으니 시간만 낭비한 것도 아니었다.

뭐라도 해야만 했다. 나는 가만히 앉아서 배우는 사람이 아니니까. 몸을 움직여야 했다.

04

다시 시작할 수 있는 나이, 스물아홉
아이두 커뮤니케이션즈의 시작

　마케팅에 발을 들인 건 스물아홉 여름이었다. '에그' 활동이 끝나고 한 달 넘게 침대 속에 누워만 있던 어느 날, 이대로 20대의 마지막을 보내기에는 시간이 아깝다는 생각이 들었다. 그렇다고 아직 졸업하지 못한 대학교로 돌아가고 싶지는 않아 몸을 움직일 수 있는 아르바이트를 하기 시작했다.

　아무 생각 없이 움직이며 몸의 감각을 되찾아갈 무렵 오랫동안 알고 지내던 광고회사 실장님에게 전화 한 통이 걸려왔다. 광고 촬영 보조를 구한다는 전화였다. 나는 그 길로 아르바이트를 그만두고 경영학 공부와 광고 회사 일을 병행했다. 꿈꿔 왔던 멋진 30대는 아니더라도 무력한 채로 서른을 맞이하고 싶지는 않았기 때문이다. 일주일에 3일은 대학교에, 남는 시간에는 광고회사로 출근하는 생활을 이어나갔다.

UCC를 만들 때는 혼자서 모든 것을 판단하고 결정했는데 광고회사에서는 짧은 동영상 한 편을 만드는 데에도 여러 번의 미팅과 회의를 거쳐야 했다. 광고 동영상을 업로드한 이후에도 조회 수나 댓글 등 대중의 피드백을 분석해 결과 보고서를 만들고 광고주에게 주기적으로 문서를 보내야 했다.

'광고 회사에서는 이렇게 일하는구나.'

나는 자연스럽게 광고 회사의 업무 체계를 배워나갈 수 있었다. 당시는 인터넷 산업이 급속도로 발전하던 시기라서 기업들이 앞다투어 온라인 시장을 점유하기 위해 다양한 시도를 하고 있었다. 동영상 마케팅, 블로그 마케팅, 카페, 지식인, 연관검색어, 디스플레이광고, 키워드 광고 등 다양한 온라인 광고를 접한 것도 이 시기였다. 일이 많아 매번 야근에, 주말도 없이 일했지만 방송계와는 다른 분야를 배워가는 일이 즐거웠다. 파트타임으로 시작한 일이었지만 어느새 담당을 맡은 프로젝트가 생겼고 내가 만든 UCC를 기억하는 광고주와 미팅을 할 때면 화기애애한 분위기 속에서 회의를 진행할 수 있었다.

그리고 두 번째 기회가 찾아왔다. 내가 일하던 광고 회사가 대기업에 인수되면서 정식으로 일해 볼 생각이 없냐는 제안을 받은 것이다. UCC 콘테스트의 경우 내가 잘 해낼 수 있는 일이라는 걸 직감적으로 알았다면 이번에는 달랐다. 광고회사로의 취직이 좋은 기회인지 아닌지 파악하기 힘들었다. 대기업에 입사하면 부모님이 좋아할 텐데 이 기회를 잡아야 할지 말아야 할지 며칠을 고민하며 답을 찾던 어느 날, 한 가지 생각이 머리를 스쳤다.

'왜 내가 이런 고민을 하고 있는 거지?'

난 20대 내내 대기업에 취직하겠다는 목표를 세운 적이 없었다. 오로지 내게 맞는 일을 하며 인생을 살겠다는 생각으로 여기까지 온 것이었다. 물론 방송계에서 실패를 맛보았지만 그렇다고 인생의 가치관마저 변한 건 아니었다. 고민의 시간을 좀 더 갖은 뒤 취업을 제안해주신 사장님을 찾아가 말했다.

"회사에 취업하는 대신 제 광고회사를 창업해보고 싶어요."

UCC 활동 초창기부터 나를 잘 알고 있던 사장님은 잠시 생각에 잠기시더니 필요하면 언제든 연락하라는 응원의 말을 전했다. 사장님 역시 나처럼 대학생 때 광고 회사를 창업했다는 이야기도 전해주셨다. 대학생들의 파티를 기획하고 운영하는 회사로 시작해 지금의 온라인 광고회사로 이어진 것이었다.

용기를 얻은 나는 출퇴근하던 사무실에서 3개월 정도 창업 준비 기간을 갖기로 했다. 대기업과 합병 후 직원들이 하나둘 자리를 옮길 때 나는 기존 거래처의 담당자들을 만나 창업 사실을 알렸다. 2011년 9월 3일. 그렇게 아이두 커뮤니케이션즈라는 온라인 광고회사를 창업했다. 늘 긍정적인 생각으로 '나는 할 수 있다'는 굳은 의지를 담아 지은 회사 명이었다.

서른 살을 4개월 앞둔 스물아홉 가을이었다. 창업은 특별한 사람들만 하는 거라고 생각해왔는데 아직 대학도 졸업하지 못한 내가, 가진 거라곤 경험이 전부인 내가 광고 회사의 대표가 된 것이다.

UCC를 만들면서 인터넷 세상을 경험했고 가수 생활을 하면서 리더로서 품어야 하는 생각과 덕목을 배운 것은 결코 우연이 아니었다는 생각이 들었다. 치열하게 20대를 보낸 덕에 많은 사람을 만나 다양한 경험을 통해 나에 대한 이해와 설명할 수 없는 확신도 가질 수 있었다. 물론 창업을 할 수 있는 환경이 주어진 것은 행운이었지만, 창업을 결정하는 것과는 또 다른 문제다. 우리 세대들의 대다수는 좋은 직장에 취업해 높은 연봉을 받고 안정적으로 가정을 꾸리는 것이 성공이라고 배웠기 때문이다. 나는 어쩌면 사회가 정해놓은 성공과는 정반대의 길로 걸어가려고 하는 걸지도 몰랐다. 그래도 나를 제일 잘 아는 건 나뿐이니, 나를 믿고 가는 수밖에 없었다.

아이두 커뮤니케이션즈의 명함을 받아들었다. 대표이사라는 직함 옆에 노영태라는 이름이 새겨져 있었다. 거창하고 대단한 일을 해낸 것처럼 보이지만, 이제부터가 시작이었다. 나를 믿고 함께 일할 동료를 찾아 나설 때였다.

05

인터넷만 있는 곳이라면 어디서든
온라인 광고 회사 창업 방법

내가 자본금도, 사무실도 없이 창업할 수 있었던 이유는 사업 분야가 온라인 광고이기 때문이었다. 온라인 광고는 인터넷만 있는 곳이라면 어디서든 일할 수 있다. 사무실이 없어도 가능하다. 소위 말하는 디지털 노마드가 가능한 분야다. 고급인력 배치가 필요한 종합광고대행사, 시설과 장비가 필요한 영상 제작사와 포토스튜디오, 풍부한 현장 경험이 있어야 창업이 가능한 오프라인 프로모션 회사 등의 전통 광고 시장과는 달리 온라인 광고 시장은 진입 장벽이 낮은 편이다. 블로거, 인스타그래머 등 온라인 플랫폼을 이용해 수익을 얻는 인플루언서처럼 말이다.

인터넷과 노트북만 있다면 누구나 가능한 온라인 광고 회사 창업이라도 한 가지 기억해둘 점이 있다. 온라인 환경은 빠르게 변화한다는 점이다. 한 시대의 아이콘이었던 포털사이트나 SNS도 새로운 플랫폼의 등장으로 자리를 내주었고, 실시간 검색어와 연관검색어도 광고의 기능을 잃은 지 오래다. 스마트폰의 대중화로 PC보다는 모바일에 맞춘 UI와 UX 디자인이 주를 이루며, 소비자들의 취향이나 관심사도 빠르게 변화한다. 따라서 온라인 광고회사는 단순히 광고주가 원하는 광고만을 집행할 것이 아니라 급변하는 온라인 시장을 공부하고 트렌드를 놓치지 않는 게 중요하다.

나의 경우에는 알고 지내던 실장님 덕분에 광고회사의 전반적인 시스템과 다양한 광고 기법, 광고 트렌드를 조금씩 배워나갈 수 있었고, 그래서 창업도 쉽게 할 수 있었던 거라고 생각할 수도 있다. 하지만 이미 자신이 좋아하는 분야에 대한 블로그를 운영하고 있거나, 인스타그램에서 제공받은 제품에 대한 리뷰를 해본 사람, 일상 브이로그를 유튜브에 업로드 중인 사람이라면 누구나 광고 회사를 시작해볼 수 있는 것도 사실이다.

여기에 더해 더 확실한 팁이 있다면 본인의 채널을 자주 분석하는 것이다. 내가 업로드한 콘텐츠 중 어느 콘텐츠가 인기 있는지, 조회

수가 낮다면 왜 낮은지를 분석하는 일부터가 마케팅의 시작이라고 할 수 있다. 광고회사에서 일하면서 배운 가장 큰 수확이 있다면 분석 능력이다. 특히 블로그 운영 대행을 하면서 온라인 시장을 이해하는 데 큰 도움이 되었는데, 포스팅을 하고 댓글이 달리고 상단에 노출이 되는 경험을 통해 온라인 유저들이 어떤 콘텐츠에 열광하는지, 포털사이트는 광고를 어떤 알고리즘으로 노출하는지를 파악할 수 있었다. 나는 콘텐츠를 분석하고 구독자를 확보하는 노하우를 찾는 일이 즐거웠고 내게 잘 맞는 일이라고 생각했다. 아무리 광고 회사 창업이 쉬워도 나와 맞지 않았다면 창업을 하진 않았을 것이다.

사업자등록도 했고, 명함도 제작했고, 거래처들에게도 창업 사실을 알렸으니 이제 함께 일할 동료를 찾아야 했다. 1인 기업이라면 어디든 나의 사무실이 될 수 있지만, 직원을 채용하기 위해서는 사무실이 필요했기에 일단 강남구 삼성동 지하에 자리를 얻었다. 비록 지하긴 해도, 나처럼 광고인을 꿈꾸는 패기 넘치는 지원자가 넘쳐날 거라는 기대감으로 구인 공고를 올렸다. 하지만 결과는 처참했다. 지원자 수 자체가 적을 뿐 아니라 면접을 본 이후에 입사를 거절하는 사람도 있었다.

다양한 이유로 입사 거절을 당하고 나니 이제는 직접 찾아 나설 수밖에 없었다. 주변에서 소개도 받고 유비가 제갈공명을 찾아가듯 세 번을 찾아가 스카우트를 하면서 아이두 커뮤니케이션즈는 총 3명으로 시작 되었다. 나는 주로 광고주를 만나 계약을 따내는 일을 했고, 직원들은 콘텐츠 기획과 광고를 집행하는 실무 역할을 했다. 그러다 외부 미팅이 점점 많아지면서 회사에는 내부에 상주하면서 직원과 회사의 전반적인 업무를 총괄해 줄 팀장급의 인력이 필요했다.

내게 필요한 팀장은 업무적으로도 유능해야 하지만 실무 외에도 재무, 총무, 인사 등 경영지원에 대한 일도 할 수 있어야 했다. 내가 외부 업무에 주력하고 있을 동안 내부 살림을 도맡아 해줄 파트너 말이다. 나는 고민 끝에 고등학교 친구인 인호를 찾아갔다. 인호는 나와 UCC 활동을 함께 해준 친구였기에 인호만큼 나를 잘 아는 사람도 없다고 생각했다.

기업에서 팀장급의 인재를 채용할 경우 서로를 파악하는 시간이 필요한데, 우리는 시간이 절대적으로 부족한 스타트업 기업이니 만큼 이미 서로를 충분히 알고 있고 대화를 통해 문제를 해결해본 경험이 있는 사람을 채용해야 한다고 생각했기 때문이다. 그런 점에서 인호는 상대방이 가진 장점을 인정할 줄 알고, 나와 대화 방식이 맞는 사람이었다.

창업 파트너를 선택할 때 오로지 능력만을 보고 채용할 경우, 대화의 방식이 달라 사이가 멀어지는 상황을 종종 목격했다. 대기업은 시스템이 이미 갖추어져 있기 때문에 능력 중심으로 채용을 해도 회사가

무너지는 일이 거의 없지만, 작은 회사는 개인의 능력보다 팀 전체의
분위기를 생각하는 것도 중요하다.

※ 아이두 커뮤니케이션즈의 사업 확장 & 변천 개요

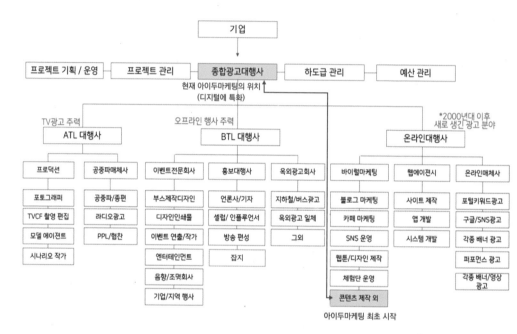

초기의 아이두 커뮤니케이션즈는 온라인마케팅 중에서도 블로그,
카페, SNS 중심의 콘텐츠를 제작해 올리는 바이럴마케팅 대행사로,
주로 중형급 이상의 온라인 광고 회사에서 일부만 외주를 받아 일하
는 식이었다.

바이럴마케팅의 핵심은 온라인에서 입소문이 날 수 있는 콘텐츠를 만들고, 블로그나 카페, SNS에 자연스럽게 퍼질 수 있도록 유도하는 것이다. 이 사업은 당시 온라인 시장이 커지면서 모든 기업이 기본적으로 해야 하는 마케팅 수단으로 여길 만큼 수요는 많았지만, 광고 집행 예산에 비해 인력이 많이 소모된다는 단점이 있었다.

사업을 시작한 지 4년 차에 아이두 커뮤니케이션즈는 실무중심에서 기획중심의 광고회사로 체질을 개선한다. 실무중심의 광고회사는 기획 방향과 전략이 미리 정해진 상태에서 부여받은 영역의 실무를 위한 기획 정도만 참여하지만, 기획중심의 광고회사는 광고주의 고민에서부터 접근해 사실상 컨설팅의 역할까지 함께 하는 회사를 말한다. 기업의 체질 개선은 성공적이었고, 코스닥 상장사인 미투온과의 인수합병으로까지 이어졌다.

2021년 현재, 창업한 지 10년이 된 아이두 커뮤니케이션즈는 TV 광고부터 오프라인 이벤트, 디지털 마케팅이 모두 가능한, 연간 광고 취급액 기준 100억(매출은 58억) 규모의 종합광고대행사로 성장했다. 현재는 광고 프로모션팀, 개발 운영팀, 콘텐츠 제작팀으로 세분화되어 광고주의 니즈에 따라 광고를 집행한다. 광고를 맡기는 기업의 종류도 다양해 게임, 푸드, 항공, 대형 플랫폼 등 연간 150여 개 국내외

기업과 함께 일하고 있다. 광고대행사를 넘어 마케팅의 미래를 제시할
수 있는 플랫폼 개발과 세일즈, 제품 개발이 가능한 기업으로 성장
중이다.

* 2020년 아이두 커뮤니케이션즈는 아이두 마케팅으로 사명을 변경했지만 이 책 에서는
아이두 커뮤니케이션즈로 표기한다.

2부
내가 하는 일,
광고 사업

" 광고 사업을 한마디로 말하면…

올해로 10주년을 맞은 아이두 커뮤니케이션즈는 디지털 종합 광고 전문회사라는 지금의 자리에 오기까지 셀 수 없이 다양한 업체의 광고를 진행했다. 소상공인의 광고에서부터 대기업 광고까지. 온라인에서 오프라인까지. 100만 원 규모의 예산에서 50억 예산까지. 투입 인원 1명에서 30명까지. 지인 소개로 시작한 광고에서 경쟁 PT를 통해 어렵게 수주한 광고까지.

10년 동안 규모도, 예산도, 각기 다른 광고를 진행해오면서 배운 공통점은 '광고에는 절차가 있다'는 점이다. 광고는 광고주의 의뢰를 받아서 진행하는 일이니만큼 광고주와 광고회사, 서로가 약속한 절차와 과정에 따라 진행해야 한다.

모바일 시대가 되면서 광고의 범위가 확장되었기 때문에 광고 집행은 물론이고 광고 전후로 준비해야 하는 일들이 많아졌지만, 광고 진행 절차만 정확히 따른다면 큰 문제 없이 프로젝트를 완수할 수 있다. 2부에는 광고 진행 절차에 따라 아이두 커뮤니케이션즈에서 진행해온 광고를 사례별로 소개했다.

01

광고 진행 과정

입찰 공고

입찰 준비

PT

계약

광고 마케팅 진행

결과 보고

계약 종료

02

입찰 공고
메세나 프로젝트

기업이나 기관에서 광고를 대행해줄 업체를 선정하기 위해 입찰을 공고

한다. 자사 홈페이지에 공개적으로 공고를 하는 경우도 있지만 협력사 이

메일, 거래처 유선 혹은 지인 소개를 통해 진행되기도 한다, 입찰 공고문

에는 사업의 개요와 예산, 입찰 자격과 구비서류 등이 기재되어 있는데,

규모가 작은 신생회사는 입찰 자격에 부합하지 않아 입찰 참여 자체가 불

가능한 경우도 있다. 초기 아이두 커뮤니케이션즈도 입찰보다는 주로 소

개를 받아 광고를 진행했다.

메세나 프로젝트

메세나 프로젝트는 거래처의 소개로 진행을 맡았던 아이두 커뮤니케이션즈의 첫 온라인 통합 마케팅이다. 이전까지 아이두 커뮤니케이션즈는 작은 규모인 바이럴마케팅에 국한되어 광고를 진행해왔었는데 국내 대기업 가전업계인 D 사와 거래하는 종합광고대행사로부터 온라인 분야의 통합 마케팅을 의뢰받은 것이다.

당시 D 사는 제품력에 비해 브랜드 이미지가 소비자들에게 각인되어 있지 않아 이점을 보완하고 싶어 했는데, 이때 본사에서 기획한 것이 '메세나 프로젝트'였다. 메세나란 문화예술 스포츠 등에 대해 사회적 · 인도적 입장에서 공익사업에 지원하는 기업의 활동을 칭하는 용어를 말한다. D 사는 자사를 예술적 감각을 지닌 이미지로 브랜딩하기 위해 D 사의 모델이었던 장윤주 씨와 함께 자선바자회를 열어 경매로 생긴 수익금을 공익사업에 기부하는 것을 목표로 했다.

메세나 프로젝트에서 아이두 커뮤니케이션즈가 맡은 마케팅 영역은 이벤트 사이트 제작과 경매사이트 제작 및 운영, 온라인 광고와 바이럴마케팅 그리고 공익사업 운영이었다. 온라인 통합 마케팅은 어렵지 않게 수행할 수 있었지만 문제는 공익사업 운영이었다.

공익사업은 사기업에서 진행하는 사업과 달리 정부나 기관에 협의해야 할 사항이 많다. 사기업은 기업의 이윤을 추구하기 위해 마케팅을 하지만 정부나 기관은 시민의 이익이나 안전이 우선이다. 따라서 기업과 정부 간의 이견을 좁히고 공동의 이익으로 도달하는 과정이 필요하다. 정부나 기관에서는 굳이 하지 않아도 되는, 계획에 없던 사업을 진행하는 일이다 보니 최근 정책이나 기관장의 의견이 매우 중요하기 때문에 이들을 설득할 정보와 시간이 많이 필요하다.

D 사에서는 경매 수익금을 통해 서울시의 장소 중 기능을 잃어버린 곳을 선정해 예술적인 공간으로 재탄생시키기를 희망했다. 당시에 현대카드의 북촌 표지판, 대신증권의 문화마을 등 이미 폐허가 된 장소를 되살리거나 아름답게 바꾼 성공사례가 많았기에 광고주는 서울시 여러 곳 중에서도 상징적인 공간을 찾아주길 바랐다. 장소를 찾는 일도 어려웠지만 무엇보다 서울시의 각 구청과 협의가 가장 중요했는데, 공사로 인해 민원이 발생할 수도 있는 이 프로젝트에 협조적인 구청을 찾는 게 난관이었다. 구청 게시판에 제휴를 수없이 올리고 연락을 취했지만 쉽지 않았다. 메세나 프로젝트에서 가장 중요한 것이 공익사업과의 연계이니만큼 이번 일을 성사시키지 못한다면 사실상 아이두 커뮤니케이션즈의 마케팅은 실패라고 볼 수 있었다.

백방으로 인맥을 알아보던 나는 종로구청 민간자문단으로 일하고 있다는 길성이 형과 연락이 닿았고, 어렵게 구청직원과 미팅 약속을 잡을 수 있었다. 길성이 형은 프리챌 마케팅팀장 출신으로 UCC 활동 때부터 나에 대한 지원을 아끼지 않는 분이었다. 그렇게 형의 도움으로 잡은 미팅에서 나는 단 한 번뿐인 기회를 놓치지 않기 위해 구체적인 실행 계획과 사업을 완료하고 나서의 기대효과 등 자세히 정리해 발표했다. 철저한 준비와 간절함이 전달되었는지 며칠 뒤 사업을 진행하자는 최종 답변을 받았다.

　우리가 제안한 장소는 종로구청 관할 중에서도 혜화역 1번 출구 앞이었다. 이 장소는 대학로를 찾는 많은 사람들에게 만남의 장소로 이용되는 곳임에도 부서지고 낡은 벤치들이 많아 미관을 해쳤다. 우리는 고민 끝에 기능을 잃어버린 벤치를 새롭게 디자인해 미와 실용적인 측면 모두를 만족시키기로 했다. 구청에서도 마음에 들어 해서 일은 순조롭게 진행되는 듯했다. 그러나 민원 발생을 방지하기 위해 또 한 차례 넘어야 하는 관문이 있었다. 주변 상가들의 협조를 받아야 한다는 것이었다. 또다시 길고 긴 설득의 시간을 거쳐야 했다. 우리는 상가협회를 만나 상징적인 디자인 벤치는 더 많은 사람을 모아 상가의 수익에도 연결이 될 거라며 꾸준히 설득했고, 결국 모두의 협조 끝에 구청장의 오픈식과 함께 성공적으로 사업을 마무리할 수 있었다.

여기서 끝이 아니었다. 우리가 맡은 첫 온라인 통합 마케팅이 큰 문제 없이 끝났다는 것만으로도 감개무량한데, 혜화역에 디자인한 의자가 큰 상을 받게 된 것이다.

'2013 D 사 굿디자인어워드 공공환경부분 굿디자인 수상'

'2013 아이두 커뮤니케이션즈 웹어워드코리아 브랜드프로모션 우수상 수상'

창업한 지 2년도 되지 않아 받은 광고상이었다. 아무도 들어본 적 없는 작은 회사가 대표 레퍼런스가 생겼다는 건 실력을 인정받았다는 걸 의미했다. 전공자도 아니고 경력직도 아닌 20대의 외인구단이 만든 작은 광고 회사가 광고업계에 작은 스크래치를 내는 순간이었다.

03

입찰 준비

I 공항 면세점 연간 종합광고대행사 선정 입찰

입찰 공고가 나면 참여 의사를 전달한 후 본격적으로 입찰 준비에 들어간다. 예산이 1억 미만인 단건 계약일 경우 평균 10일 정도, 예산이 10억 이상인 연간 대행일 경우 3주 정도의 준비 기간이 소요된다. 끝없는 아이디어 회의가 진행되는 때이며, 기존 업무와 동시에 진행이 되기 때문에 야근, 밤샘, 주말 출근이 잦은 기간이다. 공고 내용에 따라 시장을 분석하고, 우리 회사만이 가진 차별화된 마케팅 전략을 통해 정성적, 정량적 목표를 설정한다. 이에 따른 상세 실행방안을 만들어나간다.

#Ⅰ 공항 면세점 연간 종합광고대행사 선정 입찰

　아이두 커뮤니케이션즈를 운영한 지 4년이 되었을 때 'I' 공항 면세점의 연간 종합광고대행사 선정 입찰에 참여할 수 있는 기회가 왔다. 광고 분야는 면세점 내 행사, 인쇄물 외에 웹사이트, 온라인마케팅, 해외 마케팅이 포함된, 지금까지 우리 회사가 해보지 못한 큰 규모의 광고 건이었다. 회사 연매출이 8억 정도였는데 단일 프로젝트 건으로 10억을 수주한다는 건 거의 불가능한 일이었다. 이런 규모의 프로젝트를 진행하기 위해서는 안정된 자금과 경험 있는 팀이 필요하기 때문이다. 그럼에도 'I' 공항 면세점 광고 건은 놓치고 싶지 않았다.

　'I' 공항은 공기업이기 때문에 일반 사기업에 비해 입찰에 넣을 서류가 굉장히 많고 복잡했다. 이는 수주 여부와 상관없이 상당히 많은 일을 해야 한다는 것을 의미한다. 공기업에 입찰하기 위해서는 일단 입찰 기준에 부합하여야 하는데, 회사의 수행능력을 증빙하기 위해 무수한 서류를 제출해야 한다.

　회사의 자금은 안정적인지, 유사한 프로젝트 경험이 있는지, 수행 인력의 경력은 어느 정도인지를 모두 증명해야 한다. 그래서 이전에 진행한 레퍼런스가 없는 신생회사는 입찰 자체가 어렵다.

반면 사기업에서 진행하는 입찰의 경우 회사의 규모보다는 크리에 이티브와 구체적인 실행전략에 무게를 두고 업체를 선정한다. 프로젝 트를 수행할 능력이 되는 회사인지에 대한 검증은 대면 미팅을 통해 확인하는 게 일반적이며, 회사의 재무상태를 서류로 확인하는 일은 거의 없다. 따라서 아이두 커뮤니케이션즈도 창업 초기에는 사기업 입찰이나 용역 받은 사업을 진행할 수밖에 없었다.

	공기업	사기업
1	정량적 제안서 (회사소개)	제안서
2	정성적 제안서 (사업제안)	견적서
3	가격산출내역서	
4	제안업체 일반 현황 및 연혁	
5	자본금 및 매출액 (최근 3개년)	
6	최근 3개년 재무제표	
7	주요사업실적	
8	실적증명 계약서 및 확인서류	
9	업무수행 조직 및 인원현황	
10	직원 건강보험자격득실확인서	사기업에서는 대개 아이디어와
11	재직 증명서	광고전략 및 실행방안에
12	참여 및 전문 인력 경력 증명서	중점을 둔다.
13	부정 서류 방지 서약서	
14	결과 이의 제기 불가 확약서	
15	경영 상태표 (신용평가등급)	
16	청렴 계약 이행 서약서	
17	경쟁입찰자격증명서 (조달청 발급)	
18	계약이행보증보험	
19	중소기업확인서	

<표> 공기업과 사기업의 입찰 준비 서류
* 기관과 기업마다 요청하는 서류는 조금씩 다를 수 있다

'I' 공항은 지속적으로 늘어나는 관광객의 유입으로 면세점 거리를 세계적으로 유명한 관광명소로 만들고 싶어 했다. 따라서 관광객에게 이곳을 사전에 인지시킬 수 있는지가 이 제안의 핵심이었다. 우리가 주목한 것은 관광객에게 인지시킬 수 있는 가장 좋은 타이밍은 언제인가였다.

여행을 다 마치고 집으로 돌아가기 위해 출국장에 들어선 관광객은 내가 탈 비행기의 탑승구를 찾거나 마지막으로 사야 할 상품을 찾느라 정신이 없다. 그런 관광객에게 이곳이 전 세계에서 가장 인기가 높은 면세점 거리이며 마지막으로 한국을 경험할 수 있는 먹거리와 볼거리가 있다고 광고해봐야 눈에 들어오지 않는다.

온라인에 대한 이해도가 높은 아이두 커뮤니케이션즈는 여행을 떠나기 전, 인터넷으로 검색을 하면서 여행 계획을 세우는 단계를 광고 타이밍으로 잡았다.

온라인 시대의 관광객은 검색 사이트를 통해 관광명소와 맛집에 대한 정보를 얻는다. 우리는 검색 단계에서 'I' 공항 면세점을 한국을 떠나기 전에 마지막으로 한국을 경험해볼 수 있는 관광명소로 인지시켜야 한다고 생각했다. 출국장 면세점이 시간에 쫓겨 구경하는 곳이 아니라 반드시 '시간을 내서', '충분히' 둘러봐야 하는 명소라는 것을 말이다.

우리는 국가별로 한국의 여행 정보는 어디에서 검색하는지, 한국 면세점에서 쇼핑을 하는 이유와 가장 많이 구입하는 상품의 품목, 그리고 어떤 검색 키워드에 반응하는지를 조사했다.

관광객은 크게 개인과 단체로 나눌 수 있는데 개인보다 단체관광객의 면세점 구매율이 높았다. 개인 시간이 충분치 않은 단체 관광의 경우 선물이나 기념품을 살 시간이 부족해 면세점에서의 시간이 비교적 길기 때문이었다. 우리는 단체 관광객을 겨냥한 마케팅 전략과 함께 국가별 검색 사이트와 커뮤니티에 홍보할 계획, 그리고 'I' 공항 면세점을 경험할 수 있는 다양한 이벤트와 프로모션을 준비했다.

그리고 2주 후, 밤낮으로 준비한 제안서 200장과 디자인 출력물을 카트에 싣고 PT장에 들어섰다. 10명가량 되는 심사위원 앞에서 PT가 진행되었고, 2주 후 우리가 사실상 대행사 선정이나 다름없는 우선협상자가 되었다는 연락을 받았다. 이전까지 면세점 광고를 집행해온 회사들은 오프라인 행사 전문 회사였던 것에 비해 온라인 광고가 전문인 회사에서 제안한 온라인 맞춤 아이디어가 심사위원에게 어필이 되었다고 했다.

대행사 선정 후 아이두 커뮤니케이션즈에서는 'I' 공항 출국장에서 필요한 언어별 지도와 안내문 디자인 제작, 판매촉진 이벤트 등의 오프라인 광고와 시즌별 한국 관광 홍보 프로모션을 기본으로 글로벌 여행 잡지, 여행 사이트, 여행 커뮤니티에 'I'공항 면세점을 알리는 바이럴마케팅 등의 온라인 광고를 진행했다. 연간 대행 계약이기 때문에 1년간 면세점에서 필요한 모든 광고 홍보를 맡아 온라인·오프라인 영역의 제한 없이 예산안에서 필요한 모든 광고 마케팅 활동을 진행했다고 보면 된다.

큰 규모의 공기업 광고를 진행하다 보니 업무강도가 세기도 했지만 그러다 보니 프로젝트를 완수했을 때의 성취감이 다른 사업에 비해 컸다. 직원들도 맡은 업무에 최선을 다했고 'I'공항의 광고를 진행했다는 사실에 자부심을 느끼는 듯했다. 회사의 직원 모두가 이런 마음으로 일을 하다 보니 결과와 반응 모두 좋았다.

물론 실수가 없었던 건 아니었다. 광군절 프로모션 인쇄물에 오타가 나서 면세점이 발칵 뒤집힌 적이 있었다. 광군절이란 중국 최대의 명절 연휴로, 당시 중국인의 여행 선호지 1위가 한국인만큼 'I' 공항 면세점에서 1년 중 가장 큰 매출을 올리는 기간이었다.

당시 아이두 커뮤니케이션즈에서는 중국인을 대상으로 300달러 이상을 쓰면 30달러 선불카드를 주는 프로모션을 준비하고 있었는데, 추첨을 통해 1등에 당첨된 사람에게는 B 브랜드 고급 외제 승용차를 선물로 증정하는 정도의 규모였기 때문에 'I' 공항 면세점에서 가장 중요하게 생각하는 행사이기도 했다. 그렇지 않아도 규모에 비해 참여 인력이 부족해 직원들의 업무량이 늘어나 있던 터라 처리 과정 중에 작은 오타를 발견하지 못해 발생한 사건이었다. 우리에겐 작은 실수일 수 있어도, 전 세계 면세점 매출 순위에서 늘 상위권을 차지하는 'I' 공항 면세점에서는 벌어질 수 없는 일이었다. 자칫 회사 대 회사로 소송을 걸어도 할 말이 없는 상황이었다.

우선 일부터 수습해야 했다. 행사 시작 이틀 전에 터진 사고라서 인쇄물을 다시 제작하는 건 불가능했기에 결국 우리는 오타 부분만 스티커로 붙이기로 했다. 전화 수십 통을 돌려 급하게 스티커를 제작해줄 인쇄소를 찾고 수십만 장의 인쇄물에 난 오타를 찾아 붙일 인원을 확보했다. 그렇게 18명이 교대로 4일간 총 100만 장에 스티커를 붙임으로써 이 사고를 막을 수 있었다.

처음 맡은 규모의 일이라 크고 작은 실수들이 있었지만 그런 과정을 통해 연 단위로 계약이 되는 공기업 광고의 예산은 어떻게 집행하면 되는지, 인력은 얼마가 필요한지 등 차곡차곡 우리만의 레퍼런스를 쌓아갈 수 있었고, 최선을 다한 결과로 다음 해의 'I' 공항 면세점 광고도 2년 연속으로 수주할 수 있었다.

만일 입찰 자격이 되지 않는다는 이유로 시도조차 하지 않았다면 이런 성과는 얻지 못했을 것이다. 실력이 아닌 규모의 문제라면 방법은 얼마든지 찾으면 된다. 내게 회사의 규모는 큰 걸림돌이 아니었다. 우리에겐 충분한 실력이 있다고 믿었기 때문이다. 물론 이렇게 커다란 규모의 사업 입찰은 수주 여부와 상관없이 상당히 많은 준비가 필요하기에, 입찰에서 떨어질 경우 허탈감이 몰려오거나 직원들의 사기가 떨어질 수도 있다. 무모한 도전이라고 생각하고 안전한 길로만 가려는 사람도 있겠지만, 내가 먼저 나의 한계를 긋는다면 나의 성장에도 한계가 존재할 것이다.

04

PT (프레젠테이션)
B사 모바일게임 디지털마케팅 대행

일반적으로 PT에 주어지는 시간은 최소 15분에서 30분, 이후 질의응답 시간이 20분 정도다. 사기업 PT의 경우에는 담당 마케팅팀 및 사내 임직원이 심사를 진행하지만 공기업이나 공공기관의 경우에는 외부에서 별도 심사위원을 초청하기도 한다. 발표는 대표인 내가 진행하기도 하지만, 보통은 프로젝트 담당자가 진행한다.

광고 수주를 위한 PT는 거의 대부분 경쟁 PT이기 때문에 수많은 대행사 중에 왜 우리가 이 프로젝트에 적합한 회사인지, 강점을 잘 전달해야 한다. 단순히 지금까지 진행해온 광고 사례를 나열할 것이 아니라 광고에 대한 기획은 물론이고 다른 대행사와의 차별점을 어필해야만 파트너사로 선정될 수 있다.

#'B'사 모바일 게임 디지털 마케팅 대행

"이번에 B 사에서 모바일 게임 종합광고 대행 건이 있는데 온라인 쪽을 아이두 커뮤니케이션즈에서 제안 넣어보시면 어떨까요?"

'B 사 모바일 게임 종합광고 대행'이라는 말을 듣자마자 한 가지 생각이 뇌리를 스쳤다.

'이건 기회다!'

고등학생 시절 천재라는 소리를 들을 정도로 뛰어난 지능을 공부가 아닌 B 사 게임을 하는 데에 몽땅 써서 인생을 망칠 뻔한 지인이 떠올랐기 때문이다. 그의 이름은 정인호. 내가 아이두 커뮤니케이션즈를 창립할 때 팀장으로 영입한 멤버 인호였다. 인호는 무려 10년 넘게 B 사의 모든 게임 캐릭터를 상위 레벨로 만들 만큼 뛰어난 게임 전문가였다.

광고에서 가장 중요한 소비자의 니즈를 파악하기 위해서는 우리가 직접 소비자가 되는 것만큼 좋은 방법이 없는데, 인호는 이미 B 사의 충실한 고객이었던 것이다.

우리는 3주간 밤낮을 새워가며 국내 게임 시장과 B 사 유저의 특성, 시장 어필 요소 등을 분석했다. 국내 게임커뮤니티부터 모바일 광고 매체 전략을 세우고 B 사 유저들을 위한 온라인 이벤트와 프로모션을 준비했다. 이 모든 과정에는 10년 넘게 B 사의 충성고객인 인호의 역할이 컸다. 누구보다 B 사 유저들의 성향을 잘 알고 있었기 때문이다.

PT 당일. 첫 발표 주자로 B 사 게임에 전문가인 인호가 나섰다. 본인이 좋아하는 게임을 본인이 광고할 수도 있다는 사실에 무척이나 고무되어있던 인호는 막상 발표가 시작되자 전문가 다운 차분한 모습으로 발표를 시작했다.

발표자 레벨(2016년 기준)

와우 : 100레벨(만렙)

디아블로 : 70레벨(만렙)

하스스톤 : 60레벨(만렙)

히어로즈 오브 더 스톰 : 40레벨(만렙)

우리의 PT 첫 장은 인호의 B 사 게임 캐릭터 레벨로 시작했다. 이를 본 심사위원들의 입에서 탄성이 흘러나왔다.

"지금 보이는 레벨을 가진 정인호입니다. PT 시작하겠습니다. 호드를 위하여!"

우리의 PT 전략은 B 사를 잘 아는 게임 전문가들이 아이두 커뮤니케이션즈에 포진해있다는 것이었다. 특히나 B 사는 현재 한국을 E 스포츠 강국으로 만드는데 기여했을 정도로 두터운 팬층과 독특한 성향의 유저들이 있었기에 대행사에 대한 기준이 높았다. 우리는 다양한 광고 경험과 오랜 게임 실력을 통해 단련된 인호를 앞세워 우리의 차별화된 마케팅 전략을 어필했다.

B 사는 게임 캐릭터의 세계관을 이해해야 좋은 이벤트를 만들고 메시지를 뽑아낼 수 있기 때문에 인호의 다양한 게임 경험에서 우러나온 온라인 광고전략은 심사위원의 공감을 이끌어낼 수 있었다.

"다음에 나랑 게임 한 판 하자."

심사위원으로 참여한 B 사 부사장님의 엔딩 멘트는 아이두 커뮤니케이션즈의 광고 수주를 확신하게 했고, 며칠 뒤 프로젝트를 따냈다는 소식을 전해 들었다. 총 40억 규모의 광고 건으로 우리가 맡은 온라인 영역만 15억이었다.

우리가 진행한 B 사의 모바일 게임마케팅은 퍼포먼스 마케팅이다. TV 광고나 지면, 옥외광고를 1세대 광고, PC의 보급 이후 포털사이트를 중심으로 생겨난 온라인 배너 광고를 2세대라고 했을 때 모바일 시대의 광고를 3세대 광고라고 한다. 과거의 1, 2세대에는 대형 매체에 브랜드나 제품 정보만 노출시켜도 판매가 잘 이루어졌다.

하지만 지금은 TV로 정보를 얻는 사람, PC를 주로 사용하는 사람, SNS로 광고를 접하는 사람 등 소비자가 분산되어 있어, 이전처럼 대형 매체에 광고를 진행해도 큰 효과를 보기가 힘들다. 정확히 말하면 소비자의 이동 경로를 예측하기 어려워서인데, 이 때문에 3세대에 가장 각광받는 광고가 소비자의 데이터를 수집한 뒤 이동 경로를 추적해 이동 경로마다 광고를 삽입하는 방식이다.

소비자가 어떤 메시지에 반응하는지 유입을 분석한 후 판매 전환까지 이루어지도록 광고를 최적화하는 것이 바로 퍼포먼스 마케팅이다. 내가 한번 클릭한 배너광고가 다른 사이트에 접속해도 지속적으로 노출되거나 호기심으로 가입한 배달 앱에서 메신저로 신규 회원 프로모션 쿠폰을 보내는 것, 설치하고 한, 두 번 해본 게임회사에서 지금 로그인하면 게임 아이템을 준다는 알림이 오는 것 또한 기업에서 소비자의 행동패턴을 분석해 보내는 일종의 퍼포먼스 마케팅 기법이다.

우리가 수주한 B 사의 게임은 카드게임이었는데, 새로운 캐릭터가 나오는 시기를 계기로 최근에 접속률이 낮은 유저를 다시 유입시킬 수 있도록 이벤트 푸쉬 알람을 보내거나 신규 캐릭터의 컨셉을 좋아할만 한 대상을 찾아 신규 회원을 유치하는 일을 맡았다.

퍼포먼스 마케팅에서 가장 중요한 것은 1명의 고객(회원가입 또는 유료회원)을 만들어내는데 비용을 최소화하는 것이다. 예를 들어 포털사이트 메인 상단 광고를 집행하는데 1시간에 1,000만 원을 지불했는데 총 200명이 회원가입을 한다면 1명이 가입하는 데에 드는 비용은 5만 원이다. 반면 우리 게임을 좋아할 만한 잠재 고객이 있는 타 모바일 게임을 통한 광고에 500만 원을 지불했는데 총 200명이 회원가입을 한다면 1명당 가입하는 데에 드는 비용이 2만 5천 원이 된다.

우리의 역할은 전환율이 높은 고객이 어디에 있는지 찾아내고 가입시키는 데 필요한 매력적인 메시지와 이미지, 동영상, 이벤트를 동원해 1인당 가입하는 데에 드는 비용을 최소화하는 일이다. 이를 광고 최적화라고 한다. 여기에서 그치지 않고 가입 이후 유료 아이템 결제까지 얼마나 걸리는지, 한 달에 몇 번이나 게임을 이용하는지 행동 패턴을 분석해 지속적으로 게임을 즐기도록 유도하는 마케팅 활동을 한다.

기존 고객들이 이탈하지 않고 충성고객으로 만들기 위해 해야 할 때는 브랜드 마케팅이 효과적이다. 브랜드의 가치를 알리고 이를 경험하게 하여 '역시, 나는 이래서 이 게임이 마음에 들어.', '확실히 다르네.'라는 생각으로 이어지도록 하는 것이다. 아이두 커뮤니케이션즈의 클라이언트인 B 사는 세계적으로도 리더 격인 독보적인 게임회사이며, 철학과 생각을 가진 회사로 브랜딩 또한 철저하게 압도적이어야 했다.

우리는 기업이 가진 수많은 브랜드 인지 키워드 중에 '처음'이라는 단어에 주목했다. 스타크래프트로 게임에 입문한 나를 포함해 전 세계인들이 PC로 게임을 시작하게 만든 기업이 B 사이기 때문이었다. 끝없는 고민 끝에 우리는 재미있는 아이디어를 생각해냈다.

'무형의 게임 아이템을 TV 홈쇼핑에서 판매해보면 어떨까?'

누구도 해보지 못한 이벤트를 만드는 것이 우리의 목표였다. 그게 아이두 커뮤니케이션즈의 가치니까. 마침 우리의 광고주였던 신세계 홈쇼핑에 B 사와의 콜라보를 제안했다. 당시 신세계 홈쇼핑은 젊은 고객을 유입시키는 것에 고민이 많았던 터라, 모바일 게임의 젊은 고객을 홈쇼핑으로 유입시킬 수 있겠다는 기대감으로 제안을 승낙했다.

B 사의 모바일 게임은 남성 고객이 많아, 남성 고객을 타겟으로 하

는 제품이 많이 팔리는 시간대인 금요일 저녁 11시 40분으로 방송시

간이 편성되었다.

결과는 성공적이었다. 홈쇼핑으로 게임 아이템을 판매한다는 사실이 알려지자 각종 게임커뮤니티에서는 '역시 B 사는 다르다'며 게임업계 최초로 진행한 홈쇼핑 이벤트에 대한 긍정적인 이야기가 게시판을 장악했고, 실제 역사적인 방송을 보기 위해 많은 고객들이 홈쇼핑에 가입했다. 그 결과 방송 도중 아이템은 전량 품절이 되는 쾌거를 이루었다. 기업 간의 콜라보가 만들어내는 위력을 다시 한번 확인하는 시간이었다.

이후 아이두 커뮤니케이션즈는 B 사와 추가 계약을 통해 총 6개의 게임광고를 4년간 진행하며, 모바일 퍼포먼스 마케팅 전문기업으로 성장하게 된다.

계약

결제 조건 확인과 업무 범위의 확인

PT가 끝나면 2주 안에 기업에서 우선협상대상자를 발표한다. 우선협상
대상자란 PT를 한 업체 중 가장 유리한 조건을 제시해 1차로 추려진 업체들
을 말한다. 우선협상대상자로 선정된 업체는 말 그대로 기업과 우선적으로
협상을 할 수 있는 권리가 생기며, 협상 단계에서 광고주가 원하는 방향과
예산, 기간 등 자세한 대화를 통해 최종 계약 여부가 결정된다.

최종 계약 업체로 선정이 되면 최소 1개월에서 1년 단위로 계약이 진행되
는데, 계약 진행시 결제조건을 반드시 확인해야 한다. 전자 어음이나 계약 종
료 후 2개월 결제 등 광고 대행사에 불리한 조건은 아닌지 꼼꼼히 따져보아
야 한다. 계약으로 업무의 질이 달라질 수 있기 때문이다.

결제 조건 확인하기

창업 초기에 나는 계약에 대한 개념 자체가 없어, 계약상 주체에 속하는 기업에서 주는 계약서를 검토해보지도 않고 도장만 찍는 경우가 대부분이었다. 심지어 계약서 없이 일하기도 했다. 어렵고 생소한 용어로 채워진 계약서는 읽어도 이해하기 힘들었고, 이를 검토할 변호사도, 검토비도 없었다. 그러다 보니 광고를 다 진행한 후에 터지는 문제가 많았다. 특히 결제 부분에서였다.

홍삼 회사와 연간 계약을 맺고 온라인마케팅을 대행했던 때였다. 월 1,000만 원 규모로 공식 블로그 운영과 체험단 관리, 이벤트 운영이 주 업무였는데 매월 말에 광고비가 결제된다는 사실에 기쁜 나머지 계약서의 세부사항은 읽어보지 않은 채로 도장을 찍고 광고를 진행했다. 하지만 월말이 지났음에도 입금이 되지 않아 기업에 문의를 해보니 전혀 예상치 못한 답변이 돌아왔다.

"월말 지급 맞아요. 월말에 전자 어음으로 지급한다고 계약서에 써 있을 텐데요."

전자 어음이 뭔지 몰랐던 나는 월말 지급이라는 단어만 보고 계약을 진행해버린 것이다. 전자 어음이란 전자 문서로 된 어음을 말하는데, 어음 또한 일정한 시기에 일정한 장소에서 일정한 금액을 지불하겠다고 약속한 것과 같아서 전자 어음으로 지급받을 시 60일 뒤에 현금으로 입금이 된다. 계약서를 다시 보니 월말에 광고주가 전자 어음을 끊어주면 그 전자 어음이 60일 뒤에 현금으로 입금이 되는 방식이었다. 60일 뒤에 받을 현금을 미리 받기 위해서는 은행에 일정 수수료를 내야 했고, 항상 현금이 부족한 창업 초기에 60일을 기다린다는 것은 불가능했기에 나는 매달 은행에 수수료를 내고 어음을 현금으로 받아야 했다.

광고주가 잘못한 건 하나도 없었다. 전부 계약서를 제대로 검토하지 않은 나의 잘못이었다. 계약서에 도장을 찍기 전 전자 어음이 무엇인지 알았더라면 광고주와 협의라도 했을 텐데, 자업자득이었다.

책임과 업무 범위 협의하기

결제 조건 외에 또 눈여겨보아야 할 부분이 책임과 업무 범위에 대한 부분이다.

A라는 요식업체에서 매월 500만 원 상당의 광고를 3개월간 해달라는 요청을 받은 적이 있다. 규모가 작은 업체일수록 계약서 작성 없이 일을 진행하는 경우가 많은데 이런 경우 결제일을 잘 지키지 않는 기업이 많다는 걸 경험으로 알고 있던 나는 광고주에게 계약서를 작성할 것을 요구했다. 우리의 요구는 쉽게 받아들여지는 듯했으나 광고주로부터 이상한 제안을 받게 된다. 광고를 통해 기대하는 매출이 발생되지 않을 시 광고비를 환불하거나 최소 매출을 어디까지 달성하겠다는 내용을 기재해달라는 거였다. 우리는 단호하게 거절했다.

온라인 광고의 기본적인 목적은 제품이나 브랜드를 많이 노출시키는 것이다. 소비자의 구매로 이어지기까지는 소비자의 취향, 제품의 품질, 가격 등 여러 가지 조건이 맞아야 한다. 광고 대행사에서 할 수 있는 부분은 광고주의 직접 및 잠재 고객이 어떤 행동 패턴을 갖고 있는지 찾고 그 경로에 광고주의 정보를 노출시켜 방문이나 구매에 관심을 갖게 하는 것이다. 따라서 매출과 같은 중대한 책임을 계약에 기재하는 순간 광고회사의 발목을 잡을 수 있기 때문에 피하는 것이 좋다.

대기업과 계약을 하거나 장기계약으로 진행할 경우에는 업무 범위에 대한 기준을 확실하게 해야 한다. D 대학교의 광고를 연간 계약으로 진행한 적이 있다. 4억 규모의 큰 광고였는데, 신입생 유치와 학교 브랜딩이 광고의 주 목적이었다. 하지만 계약 후 막상 일을 시작하니 학교 내에 작은 인쇄물부터 우리와 상관없는 내부 부고용 문서까지 요구해왔다.

특히 월 1회 미팅이라는 초기 입찰요청서와 다르게 주 2~3회 미팅을 요구했다. 업무 초반에는 모두 광고주에 맞춰주었지만 우리 팀원이 업무과다를 이유로 퇴사를 하거나 C 대학교의 일 때문에 다른 일은 손을 댈 수 없어 수익률을 떠나 손해를 볼 지경이었다. 권한은 없고 책임만 있는 계약서로 공식적인 불만을 말하기도 어려웠다. 계약서에 모든 내용을 기재할 수는 없지만, 사전에 업무 범위와 분장에 대한 협의가 반드시 필요하다는 걸 깨달은 사례였다.

보증보험

　광고 회사를 운영하다 보면 광고주가 폐업하거나 경영악화로 광고비를 못 받는 경험을 꼭 하기 마련이다. 이때 큰 피해를 보지 않기 위해서 필요한 게 보증보험이다. 특히 첫 거래를 하는 회사의 경우 기업의 재무안정성을 확인하기 어렵기 때문에 보증보험에 가입해두면 좋다. 일정 금액을 보험처럼 납부하면 국가기관이 보증을 서주는 것인데, 만약 광고주가 광고비를 지급하지 못하는 상황이 오면 국가기관에서 대신 지급해주는 제도다.

　여러 번의 쓰디쓴 경험을 통해 기업과 협의를 하며 계약서를 수정해 왔지만 그렇다고 광고대행사가 유리한 조건으로 계약을 하는 건 하늘의 별따기였다. 심지어 내용증명, 가압류, 소송 등 모든 법적 행위를 다 해보았음에도 해당 기업의 대표와 회장이 도피하는 바람에 1억 5천만 원이라는 비용을 받지 못한 일도 있다.

　비용을 받아내려고 쓴 시간까지 더하면 작은 광고 회사로서는 너무나 큰 피해였다. 지금은 보증보험을 통해 사업에만 집중할 수 있는 환경 속에서 일하고 있다.

06

광고 마케팅 진행
바이럴 마케팅부터 옥외 광고까지

광고는 주로 TV 광고, 오프라인 광고, 온라인 광고로 나뉜다. 규모가 큰 프로젝트의 경우에는 광고주에 해당하는 기업이 모든 광고를 진행할 수 있는 종합광고대행사에 의뢰를 맡기거나 각각의 광고를 전문으로 하는 대행사와 개별적으로 계약을 진행하기도 한다.

종합광고대행사라고 하더라도 작은 규모의 콘텐츠 제작은 외주 업체에 맡기기도 하는데, 바이럴마케팅 전문으로 시작한 초기의 아이두 커뮤니케이션즈도 종합광고대행사에서 콘텐츠 제작과 바이럴마케팅 분야만 외주를 받아 일했다. 이후 바이럴마케팅을 포함한 다양한 온라인 광고로 사업이 확장되었으며, 현재는 옥외광고와 같은 오프라인 광고도 진행 중이다.

광고는 프로젝트 진행만큼이나 보고서가 중요한 분야다. 광고의 규모에 따라 다르지만 주간/월간 결과를 광고주에게 보고하는 것이 기본 업무이며, 광고 결과를 분석해 광고의 전략과 운영안을 다시 검토해보고 수정해나가는 과정도 필요하다. 또한 광고를 진행하는 동안 광고주와의 미팅을 통해 진행 상황과 이벤트 결과를 공유해야만 한다. 광고주와의 소통이 원활해야만 광고도 원활하게 진행된다고 보면 된다.

최종 결과 보고서까지 작성했다면 마침내 계약이 종료된 것인데, 공기업 혹은 공공기관의 광고를 수주했다면 예산 사용 증빙이 필요하며, 때에 따라서는 회계감사가 진행되기도 한다. 모든 과정이 끝나고 나면 재계약 여부를 협상하게 되며, 중소기업은 계약 기간 동안 큰 문제가 없는 이상은 재계약이 많은 편이다.

제빵 기업 S 사 신제품 바이럴마케팅

바이럴마케팅은 입소문을 통해 브랜드나 제품에 대해 긍정적인 인식을 가지게 하여 구매로 이어질 수 있도록 돕는 마케팅 기법이다. 온라인에서는 대부분 블로거나 인스타그램 등 개인 SNS 채널이나 카페, 커뮤니티에 리뷰를 올리는 방식으로 콘텐츠를 생산하도록 한다. 국내 최대 제빵 기업인 S 사는 매달 신제품이 나올 정도로 제품이 많았는데 빵 외에도 스무디나 과자 등 다양한 먹거리가 있다는 것을 알리고 싶어 했다. 우리는 입소문이 빠른 고객층인 주부를 타겟으로 블로거와 맘카페에 전략적으로 리뷰를 올려 사람들로 하여금 새로 나온 제품임을 알리기로 했다.

푸드 제품의 경우 바이럴마케팅 시 사진의 퀄리티가 매우 중요하기 때문에 푸드 사진을 잘 찍거나 요리를 꾸준하게 하는 요리 블로거를 섭외했다. (블로거 섭외는 직접 쪽지를 보내거나 전문 에이전시를 통해서도 섭외가 가능하다) 그리고 일주일에 3-4명씩 월 20여 명이 신제품에 대해 리뷰 포스팅을 하도록 했는데, 브랜드를 검색할 때 동일한 제품이 노출되면 사람들은 해당 제품이 인기 상품이라는 생각을 하기 때문이다. 그 생각은 구매로 이어지고 구매는 리뷰 작성으로 이어져 '요즘 많이 먹는 OO, 나도 먹어봤다'는 식의 콘텐츠가 재생산되어 홍보 효과를 볼 수 있었다.

맘카페의 경우 긍정적인 리뷰의 바이럴 속도가 빠르다는 장점이 있지만 그만큼 부정적인 리뷰도 빠르게 퍼져나가기 때문에 매우 예민하게 접근해야 했다. 업체에서 진행한 리뷰라는 게 알려지면 공격의 대상이 되기 때문에 구체적인 홍보성의 콘텐츠보다는 간접적으로 제품의 존재만 알리는 정도여야 한다.

바이럴마케팅의 핵심은 입소문이다. 처음에는 기업이 알리고 싶은 제품이나 브랜드를 소비자가 보기 편한 콘텐츠로 만들어 의도적으로 노출하지만, 소비자들이 궁금해하고 구매로 이어진 후 재생산이 이루어져야 바이럴마케팅이 성공했다고 볼 수 있다. 따라서 재생산 욕구를 불러일으키는 콘텐츠를 만드는 것이 가장 중요하다.

사옹원 엘리베이터 광고

코로나19 이후 약속은 줄고 집에 있는 시간이 늘어나면서 인터넷으로 식품을 구매하는 인구가 급증했다. 이러한 시기에 자사의 브랜드를 많이 노출시켜 확고한 포지셔닝을 하길 원하는 기업이 있었는데, 국내 전통 음식 전문기업 사옹원이었다.

사옹원은 전이나 튀김 같은 한국의 전통 음식을 냉동으로 만들어 판매하는 식품회사인데, 이미 국내 대형마트에 다양한 이름으로 입점 되어있을 만큼 업계에서 알 만한 사람은 알고 있는 업체다. 사옹원은 일부 주부들 사이에서 매니아가 있을 정도로 맛과 품질은 인정받았지만, 더 넓은 스펙트럼의 고객을 확보하길 원했다.

네이버 키워드 광고나 체험단 등 온라인에서는 이미 광고를 하고 있다 보니 기존에 하지 않은 새로운 광고를 제안받고 싶어 했는데, 우리가 제안한 광고는 엘리베이터와 IPTV 광고였다.

요즘 소비자들은 편성되어 있는 방송을 시간에 맞추어 보는 대신 자신이 보고 싶은 시간에 보고 싶은 프로그램을 선택해 보는 방식의 OTT 서비스를 선호한다. 그렇다 보니 기업들도 공중파 TV 광고만을 고집하지 않고 다양한 방식으로 광고를 노출하기를 선호하는데, IPTV 광고의 경우 TV 광고보다 예산도 저렴하고 관심사를 타겟팅해서 광고를 노출시킬 수 있다는 매력 때문에 최근에 떠오르고 있는 광고 매체다.

먼저 사옹원의 구매층을 분석해보니 비 오는 날 아이의 간식용 또는 명절 음식을 목적으로 전과 튀김류를 구매하는 것을 알 수 있었다.

우리는 주부의 행동 패턴을 파악해 아이들의 유치원, 학교 등하교 시간에 맞추어 비교적 젊은 주부가 사는 신도시 중심의 아파트 단지를 공략했고 엘리베이터에 비치된 TV에 광고를 송출했다. 또 아이들이 등교 후 주부들이 혼자 드라마를 다시 보는 시간대에 IPTV에 광고를 노출시켜 사옹원의 브랜드를 알렸다.

이 기간 동안 회원가입은 10배, 매출은 200%(기간대비) 상승했는데, TV 광고도 고객의 유형과 성향에 따라 다른 매체에 배치했을 때 효과적일 수 있다는 결과를 얻은 광고였다.

* 엘리베이터 노출

* 사옹원-IPTV 노출

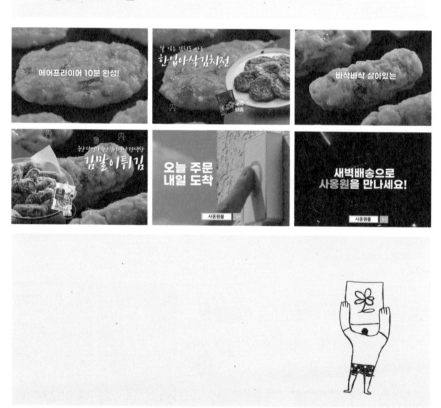

D 생명보험사 DB 마케팅

배너광고의 목적은 다양하지만 과거엔 홈페이지로 유입하기 위한 목적이 많았다면 최근에는 홈페이지에서 회원가입, 이벤트 참여 등 일종의 액션이 생기는 것까지 목표로 하는 경우가 많다.

우리가 D 생명보험사와 진행한 배너 광고는 접속해 가입하거나 잠재고객이 고객의 정보를 남겨 상담을 받게 하는 DB 마케팅이었다. DB 마케팅은 고객의 데이터베이스를 받아 기업에 전달하는 것을 목적으로 하는 마케팅 기법을 말한다. 주로 웨딩, 보험, 자동차, 금융, 통신 업체에서 DB 마케팅을 많이 하는데, 직접 고객과의 통화를 통해 고객을 유치하는 것이 효과적이기 때문이다.

하지만 본인의 개인정보를 직접 남기고 마케팅 동의까지 얻어야 하므로 데이터베이스 수집을 위한 광고는 결코 쉽지 않다. 그래서 우리는 보험이 필요한 시기가 된 고객을 찾아 광고를 해야 했다.

당시 우리의 임무는 어린이(태아)보험 가입을 희망하는 고객의 DB 를 수집하는 것이었다. 태아보험 가입 시기는 임산부가 배가 나오기 시작할 때부터 아이가 태어나 영유아가 될 때까지 범위가 넓었다. 그래서 우리는 이 시기에 부모가 구입하는 품목에 주목했다. 유모차, 아기침대, 기저귀, 욕조 등을 판매하는 사이트에 '태아보험' 관련 배너를 노출해 홈페이지로 유입시켰고, 간단한 방식으로 상담을 요청할 수 있는 페이지로 연결되도록 했다.

특히 출산 후 가장 많은 검색량을 차지하는 기저귀를 통한 유입을 위해 국내 대형 커머스인 G 사에서 최근 3개월 안에 기저귀를 구입한 고객에게만 노출되는 배너광고를 띄웠다. 당시에는 3분 이상 통화가 가능한 고객만을 유효 DB로 보았기 때문에 광고 배너에 '3분 통화 시 기저귀 무료', '5분 통화 시 추가 선물 증정' 등 경품과 엮어 전환률을 높이는 이벤트도 함께 진행했다.

DB 마케팅에서 대행사가 할 수 있는 건 고객 스스로 정보를 남기도록 돕는 일인데, 이때 중요한 것은 기업이 원하는 고객인지를 1차적으로 필터링을 해야 한다는 점이다. 우리는 최근 3개월 안에 기저귀를 구입한 고객을 1차 필터로 잡은 것이었고, 결과는 당연히 성공적이었다.

P 사 홈페이지 리뉴얼

홈페이지 제작은 웹개발 전문 회사의 영역이긴 하지만 홈페이지 제작과 마케팅을 함께 시작하는 기업의 경우 광고회사에 패키지로 의뢰하기도 한다. 아이두 커뮤니케이션즈에서도 이벤트 사이트 외에 회사의 홈페이지를 제작하는 일도 한다.

물론 광고대행사 내에 웹 개발자가 없는 경우 개발 부분은 외주를 맡기기도 하지만 대행사에서 홈페이지 제작을 맡은 경우에는 홈페이지 이용자가 원하는 목적을 달성할 수 있도록 홈페이지의 UI와 UX를 기획하고, 노출할 콘텐츠를 준비하는 것이 중요하다.

우리가 계약한 P 사는 연매출이 100억이 넘는 회사임에도 불구하고 5년 전에 만든 홈페이지는 방치되어 있었다. 그 사이 웹 환경이 바뀌면서 모바일에서 접속 시 화면이 깨져 보이거나 페이지가 연결이 되지 않는 상태였다. P 사는 유량계 제조, 계측 장비, 수분 분석기 등의 장비가 필요한 기업을 고객으로 두는 GE 계열사의 글로벌 B2B 업체였는데, 이 모든 사항을 고려하여 사이트를 기획해야 했기에 우리에게도 큰 도전이었다.

HISTORY   NETWORKS   PRODUCT   CALIBRATION

PRODUCT

| Replenishment Solution, RS-A | APX | OXY.IQ | MV90 | AF-2000 초음파유량계 |

NOTICE

ISO 9001 / ISO 14001 인증서	2019-11-27
PKI-1000 Series 제품 출시	2019-06-14
L.PS 초음파 레벨스위치	2018-05-02
2016 대한민국 국토 품	2016-10-28
2016.07 과학안전대상 선	2016-08-29

PRESS

2016 계량측정의 날 대통령 표창장   견적문의   카탈로그 요청

　우리는 P 사의 홈페이지를 리뉴얼하면서 네 가지 사안에 중점을 두고 진행했다.

　첫 번째로 P 사는 전 세계 기업을 고객으로 두고 있었기에, 어느 국가에서 홈페이지를 접속하든 쉽게 이용할 수 있도록 직관적이고 심플하게 UI와 UX를 구성하고 불필요한 영상이나 이미지를 최소화했다. 국가별로 인터넷 환경이 다르기 때문에 그래픽과 모션을 과하게 활용할 경우 인터넷 환경이 좋지 않은 국가에서는 접속이 오래 걸릴 수 있기 때문이다.

　불러올 데이터가 많을수록 인터넷 환경에 영향을 많이 받는다. 해외 사이트의 UI가 단출한 이유도 이 때문이다. 한국은 인터넷 강국이라

화려한 사이트도 몇 초 내에 불러올 수 있지만 글로벌 사이트의 경우에는 인터넷 접속 환경도 반드시 고려해 설계해야 한다.

두 번째는 P 사의 고객이 주로 해당 분야의 전문가이기 때문에 제품을 쉽게 볼 수 있게 하면서도 신뢰감 있는 기업이라는 이미지를 주도록 만들어야 했다. 그동안 광고주는 오프라인에서 Face to Face로 영업을 해왔기 때문에 회사소개 영상이나 전자브로슈어와 같은 홍보물조차 없었다. 따라서 검색이나 소개를 통해 홈페이지에 접속한 고객에게 충분한 신뢰감을 쌓을 수 있는 영상과 전자브로슈어를 제작해 업로드했다.

세 번째는 홈페이지 관리가 편하게 제작하는 것이었다. 전 직원이 연구원 혹은 영업사원인 P 사에는 홈페이지를 담당한 인력이 없었기 때문에 우리와 계약이 끝나면 다시 홈페이지가 방치될 확률이 컸다. 그래서 우리는 계약 종료 후에도 홈페이지를 잘 관리할 수 있도록 별도의 관리자 페이지를 만들어 쉽게 배너, 콘텐츠, 제품추가 등이 가능하도록 만들어주었다.

마지막으로 국내와 해외에서 해당 홈페이지가 검색이 잘되도록 하는 최적화 작업도 잊지 않았다. 웹사이트 최적화는 구글, 네이버 같은 포털사이트에서 우리 기업과 관련된 키워드를 검색할 시 잘 노출될 수 있도록 하는 것이다. 이미지나 영상을 줄이고 텍스트 중심으로만 사이트를 만드는 것도 이 때문이었다. 또한 사이트 안에 주요 키워드로 메타태그^{특정 홈페이지 또는 HTML 문서에 대한 색인정보} 를 심어 노출이 잘 되는지 구글 애널리틱스로 확인하고 유입 키워드를 체크했다.

그 결과 홈페이지 리뉴얼만으로 전 세계에 있는 다양한 국가의 유입량이 증가했고 제품에 대한 문의가 늘었다. 홈페이지 제작은 초기 기획이 아주 중요하기 때문에 회사와 고객의 성격을 파악하고 홈페이지 제작의 목적이 무엇인지 명확한 기준을 세워두는 것이 좋다.

BTS 글로벌 옥외광고

디지털/온라인 광고 전문 회사라고 해서 온라인 광고만 하는 것은 아니다. 최근에는 모바일 광고와 옥외광고를 동시에 진행하는 캠페인이 늘어나고 있다. 휴대폰에서 본 광고를 지하철 옥외광고판에서 보고, 버스 정류장이나 버스에서 또다시 보게 하는 것이 모바일 시대의 광고 방식이다.

고속도로에서 볼 수 있는 옥외광고, COEX나 명동에 있는 건물 전면 광고처럼 대형 광고의 경우에는 집행비가 고액이기 때문에 주로 대기업이 하지만, 버스정류장, 지하철에 걸리는 광고는 중소기업이나 관공서, 혹은 개인이 진행할 수 있을 정도로 대중적이다. 최근에는 지하철역 안에 아이돌 가수의 데뷔나 생일을 축하하는 광고를 많이 볼 수 있는데, 국내 팬클럽 시장을 선점한 광고회사에서 팬클럽의 의뢰를 받아 진행하고 있다고 보면 된다.

아이두 커뮤니케이션즈에서는 국내 마케팅에만 국한될 것이 아니라 글로벌 시장으로 눈을 돌려 사업을 확장하기로 했는데, 그 시작이 BTS 옥외광고였다. BTS처럼 전 세계에서 투어공연을 하는 그룹은 한국뿐 아니라 자신의 나라에서도 광고를 하고 싶어 하는 외국 팬들이 많았다.

우리는 중국을 시작으로 전 세계 6개국에서 BTS의 광고를 전담했는데 특히 일본 대사관 광고가 아이두 커뮤니케이션즈의 글로벌 사업본부를 한 단계 도약하게 했다. 당시 BTS는 일본 TV 아사히 뮤직 스테이션에 출연을 앞두고 있었는데 멤버 지민이 과거에 광복기념 티셔츠를 입었다는 이유로 출연을 거부당한 사건이 있었다. 이때 아이두 커뮤니케이션즈도 일본의 옥외광고 매체사로부터 미리 예약해둔 옥외광고의 계약을 파기하겠다는 연락을 받았다. 한국 연예인의 광고, 특히 BTS의 광고는 일본 내에서 진행할 수 없다는 이유였다.

부당한 계약 파기에 이대로 가만히 있을 수는 없었던 우리는 분위기를 반전시킬만한 아이디어를 냈다. 역으로 한국에 있는 일본 대사관 앞에 광고를 걸기로 한 것이다. 반응은 폭발적이었다. '아미의 역습'이라는 이름으로 국내외 SNS를 통해 우리의 광고가 확산되었으며, 보도가 나간 뒤 하루에 2천 개가 넘는 긍정적인 피드백을 받았다.

이 사건 이후 우리는 약 60여 개의 국내 정상급 아이돌의 광고를 수주하게 되었으며, 상승세를 틈타 오프라인 광고 프로모션 사업부를 개설해 아이돌 팬미팅 행사를 시작으로 우아한 형제들의 '배달의 민족 치믈리에'와 '하만코리아 신제품 런칭쇼', '싱글톤 워커힐 파티'등 굵직한 오프라인 행사도 진행해오고 있다.

* 아미의 역습 외 - 팬클럽 옥외광고

* 아이돌 'O'그룹 CONCERT in Baijing

2019 대학가요제

한국영화 100년 기념식

* H사-신제품 런칭쇼

* D사 – 워커힐 파티

함께 가장 멋진 포즈를 취해
촬영해 주신 분 중 베스트 포즈 2명을 선정하여
소파를 드립니다.

Best pose shot please

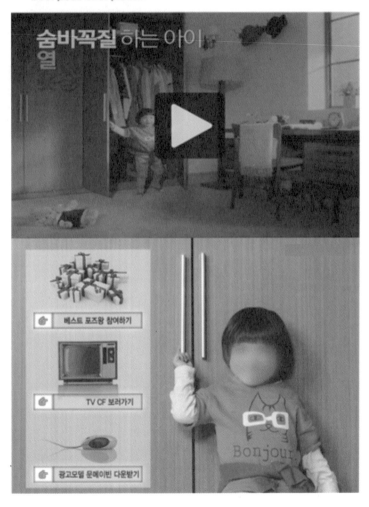

* 라이브 커머스 - 실시간

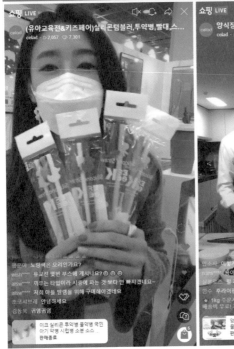

요즘 우리가 새롭게 진행하고 있는 분야는 네이버, 카카오, 인스타그램, 틱톡 등 다양한 플랫폼을 기반으로 핫하게 떠오른 라이브 커머스이다. 라이브 커머스$^{Live\ commerce}$는 라이브 스트리밍$^{Live\ streaming}$과 커머스^{Commerce}의 합성어로 실시간으로 제품을 설명하고 판매한다는 점에서 TV홈쇼핑과 유사하다.

많은 투자나 특별한 기술 없이 스마트폰만 있다면 시작할 수 있는 것이 라이브 커머스다. 특히 중소상공인에게 유용한 기회를 제공한다. 가장 큰 어려움인 물리적인 제약을 받지 않고 폭넓은 소비자층에게 손쉽게 다가갈 수 있기 때문이다.

우리는 새로운 콘텐츠로 떠오른 라이브 커머스에 주목했다. 신뢰를 주는 현장감, 소비자와 실시간 소통하는 생생함을 살리는 것이 핵심이라고 판단했다. 우리만의 특별한 기획과 재미있는 진행을 통해 상당한 호응과 효과를 보고 있다.

3부

경험과사람, 그리고 노하우

" 내게 간절한 것은 경험보다 사람

광고를 전공하지 않았기 때문에 이론보다는 광고 현장에서 직접 부딪히며, 거래처 담당자에게 혼이 나며 배운 것들이 많다. 금전적으로 피해를 보면서 계약서 작성의 중요성을 깨달았고, 광고주의 요구와 완전히 다른 제안서를 쓰느라 시간과 예산을 낭비하면서 제안서 작성법을 배웠다. 수정을 거듭해 가며 거래처가 좋아하는 보고서 작성법을 깨우쳤고, 조급한 상황에서는 어떤 결정이든 절대 내리면 안 된다는 걸 쓰디쓴 실패를 맛보며 알게 되었다.

경험이 최고의 스승이라고 생각하지만 한편으로는 이런 생각도 든다. 내가 쓸데없는 고민으로 밤낮을 새울 때마다, 어리석은 선택을 할 때마다 누군가 내게 더 나은 방향을 제시해주었다면 시간을 덜 낭비할 수 있지 않았을까. 경험을 거듭할수록 실패의 확률을 줄여나갈 수는 있었지만 진심 어린 마음으로 자신의 성공담과 실패담을 차근차근 들려주는 선배가 있었다면 조금은 덜 외롭지 않았을까.

이 책에 담긴 노하우는 모두 그런 마음으로 썼다. 창업 초기 내게 간절했던 바로 그 사람이 되어주기 위해. "

01

입찰 노하우
광고주의 마음 읽기

광고 입찰이라는 말은 거창하게 들릴 수 있지만 이렇게 생각하면 간단하다. 친구가 창업한 식당의 광고를 어떻게 하는 게 좋을지 아이디어를 내고 예상되는 총예산을 짜보는 것. 이 또한 작은 의미에서는 광고 입찰이라고 할 수 있다. 여기서 친구를 기업, 나를 광고대행사라고 하면 기업을 상대로 입찰을 진행하는 것이 광고대행사의 첫 번째 일이다. 기업 입장에서는 신제품이나 기업 브랜딩을 위한 광고를 진행하고 싶을 때 입찰을 통해 자사와 가장 잘 맞는(기획, 예산, 기대 효과 등) 광고 회사를 선택할 수 있다.

지인을 통해 사기업의 입찰 정보를 얻을 수도 있고 국가에서 운영하는 전문 입찰 사이트인 '나라장터'를 통해 제안 요청을 확인한 뒤 입찰에 도전할 수 있다.

입찰에서 가장 중요한 것은 광고주가 원하는 광고의 목적을 알아채는 것이다. 광고회사가 많이 하는 실수 중 하나가 광고주가 현재 진행하고 있는 광고 방식이 잘못되었다며 온갖 최신 광고 기법을 동원하자고 권유하는 것이다. 광고대행사는 광고주가 광고를 통해 얻고자 하는 것이 매출인지 브랜딩인지, 예산은 어느 정도 집행 가능한지, 원하는 고객의 범위가 어디까지인지를 끊임없이 묻고 확인해야 한다.

그렇기 때문에 광고주와의 초기 인터뷰가 정말 중요하다. 이때 광고 방향을 잘못 잡으면 엉뚱한 제안서를 준비하느라 시간만 낭비할 수 있기 때문이다. 따라서 되도록 최소 두 명이 인터뷰에 동행할 것을 추천한다. 미팅 동안에는 수많은 이야기가 오가기 때문에 놓치는 부분이 생길 수 있다. 사람마다 생각과 해석이 다르기 때문에 미팅 후 서로 잘못 들은 게 있는지 놓친 부분이 있는지 확인하고 정리하여 광고를 집행할 팀원들에게 전달해야 한다.

질문을 정확하게 하지 않아 잘못된 제안서를 쓴 일이 우리에게도 있었다. 제주도 특급호텔 제안 요청을 받았을 때의 일이다. 당시 이 프로젝트는 오프라인 행사를 전문으로 담당하는 직원이 지인을 통해 받은 요청이었는데, 당시 회사에 업무가 많아 인력 부족으로 초기 인터뷰를 담당 직원 혼자 보낼 수밖에 없었다. 미팅을 마치고 돌아온 직원은 광고는 연간 2억 규모이며 호텔 예약자를 늘리는 것이 광고의 목적이라고 전했다.

우리는 호텔 예약자를 늘리기 위해서 리뷰가 중요하다고 생각했기 때문에 SNS 인플루언서와 여행 전문 파워블로거를 섭외해 양질의 리뷰를 작성할 수 있도록 하는 바이럴과 이벤트, 호텔 인근 맛집과 여행지 정보를 정리한 콘텐츠를 만드는 기획으로 제안서를 작성했다. 하지만 PT를 끝마치고 나니 호텔 관계자는 황당하다는 반응을 보였다.

그의 말에 따르면, 이번 광고는 10주년 기념 감사이벤트이며 예산은 2천만 원이었다. 호텔은 광고를 하지 않아도 예약이 꽉 차 있어서 예약 증가가 아닌 브랜딩 위주의 광고가 목적이라는 것이었다. 그런 광고주에게 전혀 상관이 없는 제안 PT만을 잔뜩 한 우리는 당연히 광고 수주를 할 수 없었다.

물론 이번 일은 초기 인터뷰를 한 직원이 광고주의 의도를 제대로 파악하지 못해서 생겨난 문제이긴 하지만 근본적인 원인은 광고주에게 제대로 질문을 하지 않아서이기도 하다. 아마 광고주는 초기 인터뷰 당시 '더 좋은 제안이 있다면 해도 된다', '예산이 증액될 수도 있다', '잘

하면 연간 계약으로도 이어질 수 있다', '호텔 이미지도 좋아지면 좋겠고 사전 예약자도 늘면 당연히 좋다' 등등 고민이나 생각을 무분별하게 쏟아냈을 것이다. 미팅 후 담당자가 자신의 의견과 아이디어를 추가해 회사에 전달하면 이런 일이 벌어지는 것이다.

그래서 기업의 담당자가 많은 이야기를 쏟아내더라도 정확하고 구체적인 질문을 하는 게 좋다. 기간, 목표, 비용 등의 구체적이고 상세한 질문을 해야 오해의 여지가 없는 정확한 답변을 들을 수 있다.

* 아이두커뮤니케이션즈 광고주 인터뷰지
!DO SURVEY FOR YOU

본 질문지의 목적은 클라이언트 이해를 통해, 해당 프로젝트의 완성도를 높이는데 있습니다.

답변하신 내용은 아이두커뮤니케이션즈의 내부 자료로만 사용되며, 처리 및 보관은 개인정보보호법과 고객사 보안규정을 준수합니다.

Meeting Time		Meeting Venue	
Client		Homepage	
Facebook		Instagram	
Department		Name	
IDO			

1. About Client

A. 귀사의 업태는 무엇입니까?	
B. 귀사의 자본금은 얼마입니까?	
C. 귀사의 매출액은 얼마입니까?	
D. 현재 직원수는 어떻게 됩니까?	
E. 귀사의 현재 주력 제품은 무엇이며 가격은 어떻게 됩니까?	
F. 귀사의 미래 성장동력은 무엇이라고 생각하십니까?	

G. 귀사의 경쟁사는 어디입니까?	
H. 귀사의 마켓 포지션은 어떻게 됩니까?	
I . 귀사와 귀사 제품의 장점은 무엇입니까?	
J . 귀사의 롤모델 기업이나 제품이 있습니까?	
K. 귀사 **Boss**의 취향을 반영해야 할 부분이 있습니까?	

2. About Project

A. 제안평가

i. 제안서 제출일은 언제입니까?	
ii. 별도의 미팅 또는 프리젠테이션을 실시합니까?	
iii. IDO 외에 다른 에이전시도 참여합니까?	
iv. 주요 평가 기준은 무엇입니까?	
i. 제안서 제출일은 언제입니까?	

B. 본 프로젝트에서 원하는 서비스 종류는 무엇입니까?

i. 온라인 광고, 마케팅	
ii. SNS, 인플루언서 **PR**	
iii. 미디어 홍보	
iv. 오프라인 이벤트 및 프로모션	
v. MICE	
C. 제안에 포함되길 원하는 사항은 무엇입니까?	
D. 프로젝트의 목적은 무엇입니까?	
E. 프로젝트의 기대효과는 무엇입니까?	
F. 프로젝트의 추정 예산은 얼마입니까?	
G. 프로젝트의 추진 기간은 어떻게 됩니까?	
H. 프로젝트의 타겟군이 있습니까?	
I. 캠페인, 또는 회사의 슬로건이 있습니까?	

J. 지금까지 진행한 커뮤니케이션 채널은 무엇입니까?	
K. 고객사에게는 어떤 채널이 가장 효과적이라고 생각하십니까?	
L. 유사 프로젝트 진행 경험이 있습니까?	
M. 과거 진행한 프로젝트의 결과는 어땠습니까?	
N. 제안의 기준 및 평가는 어떻게 됩니까?	
O. 마케팅, 광고, 홍보와 관련 에이전시를 운용해본 경험이 있거나, 현재 운용 중 입니까? 있다면 어디입니까?	
P. 프로젝트 진행시 준수해야 할 사내 윤리 규정이 있습니까?	
Q. 프로젝트 진행시 준수해야 할 글로벌스탠다드 규정이 있습니까?	
R. 프로젝트 진행시 준수해야 할 디자인 가이드가 있습니까?	
S. 프로젝트와 관련하여 경쟁사, 선도사 등 타 업체의 프로젝트 및 광고에서 참고 할 만한 내용이 있습니까?	

3. About IDO

A. IDO 의 장점은 무엇이라 생각하십니까?	
B. IDO 의 단점은 무엇이라 생각하십니까?	
C. IDO 를 어떻게 아셨습니까?	
D. 추가로 필요한 **IDO** 관련 자료가 있습니까?	

116

02

제안서 작성 PT 노하우
우리의 강점은 무엇인가

일반적으로 광고 대행 입찰을 공고하는 기업에서의 PT는 경쟁 PT로 진행이 된다. 광고주 입장에서도 여러 광고대행사의 제안을 받아 본 후에 최종 파트너사를 선정하는 편이 광고에 효과적이기 때문이다. 따라서 경쟁 PT의 핵심은 '왜 우리 회사를 선택해야 하는가'를 잘 보여주는 것이다. 광고 예산이 정해져 있는 이상, 그 안에서 광고 회사가 내세우는 기획과 전략이 비슷할 것이기 때문에 우리 회사만의 경쟁력을 보여주어야만 선정될 확률이 높다.

예를 들어, 국내 항공사의 경쟁 PT에서는 I 공항 면세점, 진에어,

트립닷컴 등 레퍼런스를 앞세워 관광객을 위한 홍보마케팅 경험이 풍부하다는 것을 강점으로 내세웠고, 텐센트 PT에서는 경쟁사인 타 게임사의 광고 집행 후 광고비 대비 매출 500% 이상의 효과를 냈다는 실적을 수치로 보여주었다.

한국콘텐츠진흥원에서 창업기업을 위한 마케팅 제안을 요청해왔을 때는 29살에 광고회사를 창업한 나 자신을 차별점으로 내세워 이제 막 창업을 한 대표의 고충과 원하는 바가 무엇인지를 잘 이해하고 있다고 강조했다.

하지만 기업이 원하는 바를 잘 파악해 맞춤 제안을 하는 편이 광고회사가 가진 강점을 어필하는 것보다 효과가 좋을 때도 있다. K 생명보험사 CSR 캠페인 경쟁 PT에 참여한 적이 있는데 당시 우리는 예정된 예산보다 훨씬 더 큰 효과를 낼 수 있도록 다른 기업, 공공기관과의 콜라보를 핵심으로 제안했다. 이미 타 기업 간의 콜라보를 진행했던 경험과 네트워크를 보유하고 있다는 것을 강점으로 내세운 제안이었다.

승리를 확신할 만큼 매력적인 제안이었지만 안타깝게도 파트너사로는 선정되지 않았는데, 그 이유는 K 생명보험사는 프로모션 보다는 모델을 더 중요하게 생각하고 있었기 때문이었다. 우리는 이를 잘 캐치해 경쟁력 있는 모델을 섭외한 다른 대행사에 최종 파트너사를 넘겨주어야만 했다.

차별점은 구체적일수록 좋은데 '(대학생 타겟 광고 입찰시)회사 임직원 평균 연령 25세', '(특정지역 특산물 광고 입찰시)전 직원 OO지역 출신', '(IT에 관심이 많은 기업 입찰시)우리 회사만 가지고 있는 플랫폼 X', '(뷰티 관련 기업 제안시)여직원이 90% 이상' 등 광고주에 맞는 강점을 내세워야 한다.

광고주가 광고대행사를 선정할 때 광고 아이디어나 마케팅 전략, 회사의 규모만을 보고 선택하는 것은 아니다. 작은 스타트업 광고회사가 경쟁 PT에서 규모가 큰 광고회사를 제치고 광고를 따내는 것도 이런 경우다.

아이두 커뮤니케이션즈 창업 초기에 우리는 이렇게 외친 적도 있다.

'작은 회사이기 때문에 1개 기업에만 집중할 수 있습니다.'

작은 규모도 충분히 강점이 될 수 있다.

그런데 말입니다.

03

보고서 작성 노하우
숫자만 옮기는 건 보고서가 아니다

기업의 마케팅 담당자들은 과다한 업무로 시간 내에 처리하기 힘든 업무를 광고대행사에서 대신 처리해주길 바라기도 한다. 그래서 제안서나 보고서를 잘 작성하는 것도 광고대행사의 중요한 업무 중 하나다.

보고서 작성 경험이 전무 했던 아이두 커뮤니케이션즈 창업 초기에는 이 부분이 상당히 부족했다. 이때 우리가 광고주에게 가장 많이 들은 말이 "다시 보내주세요."일 정도였다. 부족한 부분을 메우기 위해 야근은 기본이었고, 철야에 주말에도 나와 근무하기 일쑤였다. 일일보고, 주간보고, 월간보고, 월간 운영안, 연간 운영안, 계절 이벤트 방안, 신규 바이럴 아이디어 제안.

정말 끝도 없는 보고서의 향연이었다. 아이디어나 기획력만 좋으면 될 줄 알았는데 문서만 만들다 지칠 지경이었다.

그런 우리의 노력이 가상했는지 클라이언트의 마케팅 팀장님이 문서 샘플을 보내왔다. 타 광고회사의 제안서와 보고서를 보여주면서 어떤 형식의 문서를 원하는지 자세히 알려주었다. 실제 대기업에서 사용하는 문서는 우리가 만든 중구난방의 문서와는 차원이 달랐다.

군더더기 없는 기승전결과 깔끔한 제안서 배경. 중요한 메시지에만 힘을 준 디자인, 통일감 있는 레이아웃과 잘 정렬된 텍스트는 누가 봐도 읽기 쉬웠다. 모든 결과가 한눈에 보이는 통계 보고서는 단 1장의 써머리로 정리되어 있었다.

좋은 제안서란 화려한 디자인, 자세하고 긴 설명이 아니었다. 오랜 시간을 들이지 않아도 우리의 문제점이 무엇인지 단번에 알 수 있었고, 이후부터는 문서를 만드는 시간이 대폭 줄어들었다.

문서 작업 능력을 키우기 위해서는 실제 대기업에서 사용하는 잘 만들어진 문서를 보는 것이 가장 중요하다. 아이두 커뮤니케이션즈의 보고서 작성법은 다음과 같다.

보고서 작성법

1 PAGE 개요 : 진행 기간 / 진행 광고 / 예산 / 달성 목표

2 PAGE 정량적인 결과 : 숫자로 보여줄 수 있는 결과와 합계

  (예시 : 총 이벤트 참여수, 광고 클릭수, 구매자수, 노출 수 등)

3 PAGE 정성적인 결과 : 광고를 통해 얻은 성과 총평

  (예시: 브랜드 인지 강화, 잠재 고객 확보, 어떤 키워드에 반응했다 등)

4 PAGE 제작물 : 광고를 위해 제작한 이미지나 영상 콘텐츠

5 PAGE 노출 지면 (또는 매체별 상세결과) : 광고 노출 결과 캡처

6 PAGE 간단 의견 : 추후 광고 방향

  – 일별, 월별 수치 변화는 텍스트보다 그림과 그래프가 좋다.

  – 보고서에 기재된 숫자와 내용에는 분석을 기반으로 한 논리와 이 유가 반드시 포함되어야 한다. (단순 진행결과만 보고하는 것은 좋은 보고서가 아니다)

  – 주간보고는 엑셀로 진행 상황 공유, 월간보고는 프레젠테이션 (PPT)으로 결과 분석

A사 광고 결과

성별 / 연령별 방문 결과 (자사몰)

- 성별 비율 : 남자 56.0%, 여자 58.4%, 기타(미확인) 5.6%
- 방문율 높이 한 연령대 : 30대 66.1%, 40대 29.0%
- 전월 대비 여자 및 50대의 비율이 소폭 상승
- 주요 타겟들의 관심도가 점점 상승하고 있다고 보여짐

성별 방문 비율

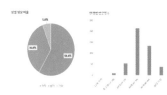

A사 광고 결과

시간대별 조회수 (자사몰)

- 가장 많이 조회수가 몰린 시간대 : 18시~20시 (주요 시청 시간은 저녁 시간대)
- 17시~18시의 조회수 비율이 소폭 상승

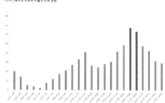

B사 광고 결과

1. 목표 : ROAS 100% 돌파
2. 운영 전략
   1) 구매 전환율 메인 지표로 키워드 종류 및 노출 순위 조정

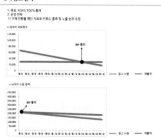

B사 광고 결과

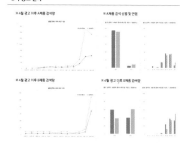

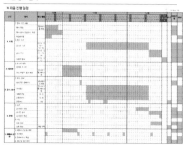

C군 광고 결과

※ 홍보 채널 집계 (측정가능한 최소 수치)

노출 | 1,808,239회   사이트 유입 | 16,541회   전환율 | 0.9%

구분		기간	상세	수량 (건수)	비고
인스타그램		11월 12일(월)~ 12월 10일(월)	공식 인스타그램에 홍보포스터 게시 인스타그램 콘텐츠광고	561,423회 노출 (4,121 유입)	00군몰 랜딩페이지 연결
페이스북		11월 12일(월)~ 12월 10일(월)	공식 페이스북에 홍보포스터 게시 페이스북 콘텐츠광고	1,242,024회 노출 (12,420 유입)	00군몰 랜딩페이지 연결
커뮤니티 카페		11월 12일(월)~ 12월 10일(월)	맘 카페 외 다수 광고	120건 (1,021 유입)	00군몰 랜딩페이지 연결
인플루언서		11월 12일(월)~ 12월 10일(월)	인플루언서 홍보	30건 (좋아요 3761)	개인 SNS의 공유전 홍보
언론사		11월 12일(월)~ 12월 18일(화)	보도자료	10건	11. 15 (1차) 11. 23 (2차) 12. 17 (3차)

C군 광고 결과

※ 최종 진행 일정

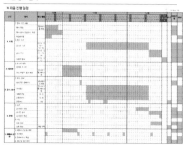

문서 작업이 익숙하지 않으면 다른 업무를 시작할 새도 없이 문서 작업에만 시간을 낭비하게 된다. 따라서 문서 작업에 투자하는 시간을 줄이기 위해서는 회사 내에서 사용할 기본 포맷을 모두가 공유하고 반드시 그 포맷으로만 작성해야 한다.

문서를 만들 때 의외로 폰트, 레이아웃, 페이지 목차 정리에 많은 시간이 걸린다. 따라서 보고해야 할 사항을 숫자와 이미지 삽입만으로 정리할 수 있는 기본 포맷을 만들어두면 시간을 절약할 수 있다. 작업해야 할 문서의 양을 줄이기 위해 광고주와의 원활한 의사소통도 가장 기본적이지만 놓치기 쉬운 방법이다.

사전에 광고주와 보고서 제출일을 정확하게 지정해 두고 약속된 보고서 외에 특이사항 등은 구두나 서면으로 보고해두는 게 좋다. 광고주가 결과에 대해 궁금해하기 전에 알려주는 것이 중요하다. 그래야 클라이언트에 대한 깊은 관심을 가지고 있다는 신뢰감이 생겨 광고주도 불필요한 보고서를 요청하지 않기 때문이다.

보고서는 숫자와 이미지만 옮기는 행위가 아니다. 어떻게 이런 수치가 나왔는지, 왜 이런 키워드로 유입이 되는지 분석한 결과를 읽는 사람도 납득할 수 있도록 제시하는 것이다. 이는 평소에 데이터나 자료를 분석하는 훈련을 해두지 않으면 오랜 시간이 걸리게 되므로, 매일 매주 광고 진행 상황을 보며 왜 이런 결과가 나왔는지 스스로 궁금해할 줄 알고 의심해보는 것이 중요하다.

종종 보고서 작성을 두려워하는 마케터를 만난다. 기획력과 실행력은 대단한데 문서 작성을 어려워하는 경우다. 이는 보고서에 반드시 좋은 성과만을 작성해야 한다는 부담감에서 기인한 것으로 보인다. 광고주가 보고서를 보고 싶은 이유는 광고대행사를 평가하려는 것이 아니라 해당 광고가 기업에 도움이 되는지, 향후 광고를 진행할 때는 어떤 방향을 설정해야 하는지 계획을 세우기 위해서다. 의미 없는 자화자찬식의 보고서는 아무런 의미가 없다. 광고가 좋은 결과를 얻지 못했더라도 광고주가 알고 싶은 건 변명이나 희망적인 데이터가 아닌 실패 이유일 뿐이다.

04

공동사업 노하우
조급함은 공동사업의 독

2년 연속으로 'I' 공항 면세점의 광고를 수주했을 때, 나는 기쁨보다 불안함이 먼저 들었다. 공기업은 3년 연속으로 입찰에 성공하기 어려운 업계의 관습 탓에 이번 연간 대행이 끝나면 앞으로는 어떻게 회사를 운영해야 할지 걱정이 되었기 때문이다. 이전처럼 단 건으로 광고를 대행할 경우 회사의 재정도 불안정할 게 뻔했다.

처음 'I' 공항 면세점의 광고를 맡았을 때는 새로운 프로젝트를 한다는 설렘으로 1년을 보냈지만, 업무 역량과 자금도 안정적이 되니 오히려 1년 뒤가 걱정되기 시작했다. 마치 내게 남은 기간이 1년 밖에 없는 것처럼, 1년 안에 다른 사업을 시작하든 새로운 연간 계약을 수주해야 한다는 생각뿐이었다.

마음이 조급한 시기에 새로운 사업을 시작하면 안 된다는 걸 지금은 알지만, 뭐라도 붙잡고 싶은 절박한 마음에 나는 하지 말아야 할 선택을 하게 된다. 알고 지내던 팀장님에게 받은 공동사업 제안을 수락한 것이다.

창업 이후 공동사업을 해보자는 제안은 수없이 받아왔지만 이전에는 돈과 마음의 여유가 부족해서 수락하지 못했다면 이제는 그 정도 자금은 운용할 수 있었다. 내게 제안을 해준 사람은 대기업 마케팅 팀장으로 곧 임원 진급 예정자였다. 뭐라도 새로운 사업을 시작하고 싶었던 나는 시장조사 없이 그의 배경만을 믿고 사업에 뛰어들게 된다.

팀장님이 제안한 사업은 글로벌 음악 플랫폼 사업이었다. 음악을 한 적이 있고 광고 능력까지 겸비한 나로서는 결코 무리한 사업이 아니라는 생각이 들었다. 나는 대표직을 맡고 있음에도 회사의 경영, 재무, 세무에 대해 무지했기에 무조건 팀장님의 말만 믿고 따랐다.

미국 실리콘 밸리에 설립된 회사를 다녀오기도 했고, 베트남에서 비즈니스 파트너를 만나면서 글로벌 사업 확장을 위한 토대를 쌓기도 했다. 마치 내가 글로벌 CEO가 된 것 마냥 어깨에 힘이 들어갔다. 현재보다 성공할 미래를 상상하며 플랫폼 사업에 박차를 가했다.

하지만 잘 진행되고 있는 줄 알았던 투자 유치에 문제가 생겼다는 사실을 알게 되었다. 급기야 투자 환경이 악화된 탓에 넉넉하지 않은 아이두 커뮤니케이션즈의 자금이 투입되면서 사태는 걷잡을 수 없을 정도로 악화되었다. 더군다나 플랫폼 사업에 신경을 쓰면서 기존 광고 업무에 소홀해져 광고 계약도 점점 줄어들고 있었고 재정적으로도 기울기 시작했다.

내가 자리를 비운 새 팀원들 간의 관계도 틀어져 아이두 커뮤니케이션즈 창업 이후 최악의 상황이었다. 결단을 내려야 할 때였다. 1년 가까이 비용과 시간과 노력을 들인 사업에서 손을 떼는 것이 힘들었지만 더 이상 회사를 방치할 수 없었다. 아이두 커뮤니케이션즈로 돌아왔을 때는 생각보다 훨씬 더 심하게 망가져 있음을 깨달았다.

이 시기에 아이두 커뮤니케이션즈에는 큰 인력 교체가 있었다. 밀린 급여 때문에 함께 노력해온 창업 멤버를 내보내야 했고 외주 업체에 밀린 대금이 1억, 은행에 진 빚이 3억이 넘었다. 10명의 직원은 3명으로, 월 매출은 1억에서 500만 원으로 줄어들었다. 잘 해보려고 한 선택이었지만 결과는 모두를 불행하게 만들었으니 리더로서 동료를 배신한 것과 다름없었다.

지금 내가 할 수 있는 일은 선택으로 인한 결과에 책임을 지는 것뿐이었다. 우선 지출을 줄이기 위해 사무실을 이사하기로 마음먹었다. 나를 포함해 3명밖에 남지 않은 임직원이 월 400만 원의 60평 사무실을 쓸 수는 없었기 때문이다. 계약 기간이 남아있었지만 건물주에게 사정을 설명한 후 위약금 없이 나올 수 있었다. 그리고 알고 지내던 웨딩스튜디오 대표님의 사무실 한편으로 자리를 옮겼다.

이제부터는 회사가 필요로 하는 대표 레퍼런스를 쌓는 데는 아무런 관심이 없었다. 수익률이 좋은 광고를 수주하기 위해 뛰고 또 뛰었다. 그렇게 잔고는 다시 쌓였고, 1년이 지났을 때 직원들의 밀린 급여와 퇴직금까지 모두 지급할 수 있었다. 거래처들도 마찬가지였다.

나는 이 과정을 통해 아무리 절박해도 마음이 급한 상황에서는 선택을 자제해야 한다는 깨달음을 얻었다. 조급한 마음은 판단력을 흐리게 하고 시야를 좁아지게 한다. 그리고 공동사업을 시작할 때는 그 무엇보다 신중해야 한다는 것을 배웠다. 실패의 아픔 끝에 배운 공동사업 시 고려해야 할 점은 다음과 같다.

▶ 내가 잘할 수 있는 일인가

이 점을 놓치면 사업의 주도권을 빼앗기게 된다. 공동사업이라고 할지라도 해당 분야를 더 잘 아는 사람이 주도권을 가지게 된다. 따라서 내가 잘 모르는 분야에 공동사업을 시작하면 중요한 결정을 내릴 때 내 의견은 무시당할 수도 있다. 만일 내가 잘 아는 분야는 아니지만 해보고 싶은 분야였다면 공동사업을 통해 내가 얻고자 하는 것이 무엇인지 목표를 세워두면 좋다.

▶ 나와 잘 맞는 사업파트너의 스타일을 알고 있는가

공동사업은 결정권자가 2명 이상이라는 말이나 다름없기 때문에 의견이 다를 경우 다툼으로 이어질 수도 있다. 따라서 대화법, 생각하는 방식, 업무 스타일, 문제 발생시 대처방식 등 나와 잘 맞는 사람은 어떤 스타일인지를 알아두고서 사업 파트너를 선택하는 것이 분쟁을 줄일 수 있다. 물론 아이디어나 아이템에 대한 치열한 토론은 반드시 필요하다. 하지만 대화 방식에서 부딪힌다면 공동사업을 오래 지속하기 힘들다.

▶ 공동사업을 하려는 분명한 목적이 있는가

사업은 목적에 따라서 모든 것이 달라질 수 있다. 수익을 목적으로 하는 사업과 새로운 시장 개척을 목적으로 하는 사업은 규모와 방향, 예산 등이 완전히 다르다. 따라서 사업 파트너와 사업을 시작하기 전에 분명한 목적을 공유하고 추진해야만 동상이몽을 하지 않을 수 있다.

▶ 지금 내가 좋은 선택을 할 수 있는 상태인가

공동사업이든 개인 사업이든 이 부분은 매우 중요하다. 마음이 조급한 시기에 공동사업을 결정해 실패한 나처럼 마음이 불안정한 상태에서는 현명한 선택을 하기 힘들다. 아무리 좋은 사업 아이템이라고 생각되더라도 내가 평상심을 유지하기 힘든 상황에 들어온 제안이라면 선택하지 않는 편이 낫다.

05

회사 체질 개선
가벼워야 보이는 것들

아이두 커뮤니케이션즈는 성장하면서 다양한 광고 분야로 사업을 확장했지만. 첫 시작은 온라인 바이럴마케팅을 주력으로 만들어진 회사였다. 바이럴마케팅의 핵심은 온라인에서 입소문이 날 수 있는 콘텐츠를 만들고, 블로그나 카페, SNS 등에 자연스럽게 퍼질 수 있도록 유도하는 것이다.

바이럴마케팅 분야는 당시 온라인 시장이 커지면서 모든 기업이 기본적으로 해야 하는 마케팅 수단으로 여길 만큼 수요는 많았지만 광고 집행 예산에 비해 인력이 많이 소모된다는 단점이 있었다.

대기업에서는 기업이 원하는 콘텐츠와 노출 빈도의 기대치가 높았기 때문에 그만큼의 퀄리티를 위한 시간이 많이 들었고, 중소기업에서는 바이럴마케팅을 통해 직접적인 매출 증대를 바랐기 때문에 광고 결과에 대한 책임이 늘 따랐다. 예산이 100만 원이든 1000만 원이든 투입되는 인력은 사실상 비슷했기 때문에 회사의 매출이 줄어들어도 인력은 줄일 수 없는 한계가 있었다.

그동안 돈 벌기에 급급했던 나머지 근본적인 고민을 할 시간이 없었다. 회사가 한 번 크게 휘청이고 나서야 겨우 눈을 돌릴 수 있게 된 것이었다. 물론 회사의 주력 수익모델을 바꾸는 일은 쉽지 않다. 매달 정기적으로 지출해야 하는 비용을 생각하면 해오던 일을 중단할 수 없기 때문이다. 회사에 있는 인력들이 바뀐 수익모델에 빠르게 적응할 수 있을지도 의문이었다.

하지만 지금은 상황이 달랐다. 아이두 커뮤니케이션즈에 남은 인원은 3명. 작아진 사무실 규모로 매달 지출하는 비용도 줄었기에 변화를 시도하기에 제격인 때였다. 그때 유일하게 남아있는 창립멤버인 인호가 의견을 내왔다.

"우리 기획 중심 광고 회사로 체질 개선해보는 건 어떨까?"

외부 미팅이 많은 나를 대신해 회사의 실무를 총괄해온 인호는 광고에 대한 스펙트럼이 넓었기 때문에 이전부터 회사 체질 변경에 관심을 두고 있었다. 하지만 4년간 우리가 해온 광고가 실무 중심이다 보니 국내의 굵직한 기획 중심의 광고대행사와 경쟁하긴 어려울 것 같았다. 실무 중심의 광고 회사는 기본적인 기획 방향과 전략이 미리 정해진 상태에서 부여받은 영역의 실무를 위한 기획 정도만 참여하지만, 기획 중심의 광고회사는 광고주의 고민에서부터 접근해 사실상 컨설팅의 역할까지 함께 하는 회사를 말한다. 기획 중심의 광고회사는 대기업 산하의 광고회사인 제일기획, HSAD, 이노션 등 연매출 100억에서 1조이상 규모의 큰 회사들이 자리를 잡고 있었다.

아이두 커뮤니케이션즈는 그동안 이런 기획 중심의 광고 회사에서 일을 받아 진행해왔기 때문에 인호의 의견대로 체질 개선을 한다면 이젠 이 회사들이 우리의 경쟁사가 되는 것이었다. 물론 이들의 주요 고객인 대기업만 기획 기반의 광고가 필요한 것은 아니었다. 우리는 규모가 작은 중소기업과 소상공인부터 공략해보기로 했다.

4년간 아이두 커뮤니케이션즈는 대기업의 바이럴 광고를 진행해왔는데, 이 경험이 중소기업과 소상공인을 위한 컨설팅에 도움이 되리라는 확신이 있었다. 대기업과 일하면서 가장 만족스러웠던 부분은 대기업에서는 그냥 한 번 해보는 광고가 없다는 것이었다.

대기업의 마케팅팀은 광고를 시작하기 오래전부터 시장을 분석하고 자체적으로 마케팅 전략을 세울 뿐 아니라 최신 마케팅 기법에 대한 스터디까지 체계적으로 준비했다. 우리도 이 과정에서 함께 시장을 분석하고 전략을 세우는 방법, 마케팅 프로세스를 만들어 시장에 접근하고 수정하면서 소비자와 밀접한 커뮤니케이션을 하는 방법을 트레이닝해왔다. 대기업 광고 수주를 통해 얻은 경험을 이제 중소기업과 소상공인에 적용해볼 차례였다.

가장 먼저 적용해본 곳은 웨딩 업체였다. 웨딩 분야는 마케팅이 상당히 어려운 시장이다. 결혼은 보통 평생 단 한 번 하기 때문에 기본적으로 재방문, 재구매 고객이 나오지 않는 산업이다. 당사자가 결혼을 앞두고 있지 않은 이상 관심이 생기지 않는 분야이기도 하다. 따라서 웨딩 업체의 고객은 매우 한정적일 수밖에 없으며, 웨딩플래너의 영향력이 크기 때문에 플래너와 관계가 없는 브랜드는 마케팅에 어려움을 겪고 있었다. 그러다 만난 곳이 모프(MORFF) 예단 이불 브랜드였다.

모프는 제품의 질과 디자인이 좋아 인생에 단 한 번 구입한다는 예단 이불임에도 재구매로 이어지기도 했지만, 대부분의 판매가 소개로만 이루어지는 것이 문제였다. 좋은 제품을 만들겠다는 대표님의 고집이 제품의 퀄리티로 이어졌지만 장인들이 만드는 이불이다 보니 유지비가 상당했다. 좋은 제품을 계속해서 생산해내기 위해서는 소비자들의 구매도 따라주어야 하기 때문에 대표님의 고민이 이만저만이 아니었다.

문제는 광고 방법이 아니라 브랜드 아이덴티티를 수립하는 것이었다. 공격적인 광고로 당장의 매출은 올릴 수 있을지 모르지만 장기적인 효과를 보기 위해서는 브랜딩을 구축해야 했다. 모프의 대표님은 이불 브랜드의 가업을 이은 2세로 뛰어난 디자인과 실력을 가진 분이었고, 모프의 제품도 100만 원이 훌쩍 넘는 고가의 제품이었기에 타예단 업체들과 같은 노출 광고로는 효과가 없다고 판단했다. 그래서 높은 비용을 지불해서라도 질 좋은 예단을 보내는 소비자의 마음을 이용한 메시지를 만들었다.

덮개의 미
예단은 시댁에서 친정에 보내는 '유일한' 선물입니다.

일단 구매를 한 고객은 재구매나 소개로 이어지는 모프제품의 특성상 우리는 충성고객을 확보하는 데에 주력했다. 브랜드 가치를 올리고 브랜드 팬덤 형성을 위한 고객 감사이벤트, 연말 프로모션을 진행했다. 그렇게 브랜딩 이미지가 쌓이면서 1년이 지나자 조금씩 입소문으로 찾아오는 고객이 늘어났다.

대기업처럼 광고 예산을 한 번에 투입할 수 없어 시장에서 반응이 오기까지는 시간이 걸렸지만 천천히 견고하게 쌓은 이미지는 쉽게 무너지지 않았다.

모프의 브랜딩을 하면서 아이두 커뮤니케이션즈의 체질 개선도 함께 진행되었다. 창업 5년 차에 진행된 체질 개선은 성공적이었다. 4년 동안 일해 온 방식과 수익 구조를 바꾸는 일이 쉽지는 않았지만 광고주를 위한 맞춤 기획과 브랜딩은 무엇인지를 구체적으로 배울 수 있었다. 3명뿐이지만 직원들의 업무 변화도 순조롭게 이루어졌다. 단기간에 진행되는 광고가 아닌 1년간 순차적으로 진행된 광고라서 가능한 일이었다.

눈앞에 있는 일 처리에 급급하면 결코 조직 내부의 문제를 볼 수 없다. 앞을 내다보는 혜안도 갖기 어렵다. 조직의 체질을 개선하기 위해서는 조금 가벼워질 필요가 있다. 머리도 마음도 가벼워야 현재 처해 있는 상황을 있는 그대로 파악하고 분석하고 대안을 준비할 수 있다. 의도하지는 않았지만 회사가 큰 위기를 겪으면서 조직이 슬림해졌고, 경영 부담이 줄어들면서 그동안 시도해보고 싶었지만 하지 못했던 수익모델에 대한 접근이 가능했다. 공동사업의 실패로 괴로운 시기이기도 했지만 조직의 무게가 가벼워져서 가능한 체질 개선이었다.

조금 상황이 나아진 우리는 메세나 프로젝트 당시 큰 도움을 얻은 길성이 형에게 또 한 번의 도움을 받게 된다. 당시 길성이 형은 투자를 받아 외식 플랫폼을 만드는 스타트업을 운영하고 있었는데, 웨딩 스튜디오에서 지내고 있는 우리의 사정을 들은 형이 자신의 사무실에 자리를 만들어준 것이다. 사무실에는 형에게 투자를 해준 기업의 직원들이 일하고 있었고 길성이 형의 회사가 배정받은 자리 한쪽에 우리 아이두 커뮤니케이션즈 3인이 앉을 자리가 마련되어 있었다.

새로운 사무실에서 쭈뼛거리며 눈치를 보던 이때의 나는 알고 있었을까.

내가 상장사의 주요 주주가 되리라는 걸.

06

인수합병 M&A
상장사 주요 주주가 되다

B 사의 모바일 게임 온라인 광고를 수주한 이후 아이두 커뮤니케이션즈에는 큰 변화가 생기기 시작했다. 먼저 우리 회사를 바라보는 시선이 달라졌고, 광고 문의도 부쩍 늘어났다. 하지만 가장 큰 변화는 우리의 마음가짐이었다. 패배감과 낮아진 자존감에 지쳐 있던 우리에게 다시 자신감이 생겼다.

우리에게 사무실을 빌려주고 길성이 형의 스타트업에 투자를 해준 기업의 대표님은 전 프리챌의 대표였던 손창욱 대표님이었다. 손창욱 대표님은 사무실을 무상으로 지원해준 것뿐 아니라 텐센트나 넷마블 같은 규모가 큰 업체의 온라인 광고 건도 소개해 주시곤 했다.

광고 회사를 운영하다 보면 공동사업 제안과 마찬가지로 사업 성장에 도움을 주겠다거나 마케팅에 투자를 하면 수익을 나누어주겠다는 제안을 종종 받게 된다. 보통 신제품을 출시하거나 회사를 창업할 때 초기 마케팅비와 인건비를 줄이기 위함인데, 그만큼 리스크도 광고 회사가 지게 되는 경우가 허다해 이런 식의 접근을 하는 사람은 의심하고 보는 버릇이 생기기도 했다. 하지만 손창욱 대표님의 경우는 달랐다. 아무런 조건 없이 지원을 약속한 사람이었다.

우리 팀은 나아진 환경과 지원 덕분에 업무에 대한 몰입도와 집중도가 높아졌고 다시 예전의 컨디션을 되찾을 수 있었다. 그리고 옆에서 꾸준히 우리의 성장을 지켜본 손 대표님은 잊지 못할 제안을 하게 된다.

"아이두 커뮤니케이션즈를 인수합병하고 싶어. 앞으로 나랑 함께 하자."

손창욱 대표님이 수장으로 있는 미투온은 2016년 연매출 170억원에서 2020년 연매출 1307억으로 급성장하고 있는 글로벌 소셜카지노 게임사로 미래가 유망한 기업이다. 넥슨의 개발자 출신이자 프리챌에서도 많은 게임을 런칭할 정도로 게임 분야의 전문가였던 손대표님은 세계적인 게임회사를 만들겠다는 목표로 미투온을 창업했다. 당시엔 이미 코스닥 상장에 성공한 상황이었고 시장에서의 뜨거운 관심으로 주가는 나날이 상승세였다. 그래서 미투온의 차기 M&A는 어느 회사가 될지 주목을 받고 있던 때였다. 그런데 그 상대가 아이두 커뮤니케이션즈라니. 회사가 큰 위기를 맞고 회복한 지 이제 막 1년이 되던 해에 이런 기적 같은 제안을 받은 나는 어안이 벙벙했다.

인수합병$^{M\&A}$ 은 쉽게 말하면 회사의 주인이 바뀌는 과정이다. 지금까지는 아이두 커뮤니케이션즈의 지분 100%를 전부 내가 가지고 있었다면, M&A 이후에는 회사의 주인이 미투온이라는 회사로 바뀌게 되는 것이다. M&A 후에는 새로 바뀐 대주주가 경영의 방향을 결정하기 때문에 경영 방침과 철학 모두 우리 회사를 인수한 미투온의 결정을 따라야만 한다. 코스닥 상장 이후 미투온이 확장해나가는 사업을 보면서 손 대표님을 존경해왔던 나는 고민할 필요도 없이 그의 제안을 수락했다.

M&A는 생각보다 빠르게 진행되었다. M&A는 기본적으로 인수회사가 피인수회사의 가치를 평가한 뒤 그에 상응하는 재화현금이나 인수회사의 주식 등의 형태를 지불하는데 이때 가치 평가는 투명과 공정

함을 위해 외부 회계 기관에 맡긴다.

피인수회사는 그동안 해왔던 회계 재무자료를 제출하고 이를 근거로 향후 5년간 어떻게 성장할지를 보여주며 회사의 가치를 증명해내야 한다. 고정 매출처의 수, 영업이익 추세, 사업 방향, 시장성, 회사 구성원의 역량 등 수없이 많은 자료를 제출해야 하며 미래 사업에 대한 설명도 필요하다.

우리 회사는 이미 B 사에서 마케팅 능력을 인정받아 처음 수주한 게임 외에 4개의 게임을 맡는 등 업계에서는 검증된 광고 회사였고, 체질 개선과 안정된 경영환경으로 창업 이래 사상 최대의 매출과 영업이익을 내고 있었기 때문에 기업 가치 평가도 순조롭게 진행되었다.

'아이두 커뮤니케이션즈의 기업 가치 47억'

2017년 5월 17일. 내가 아직 대학을 졸업하기도 전인 스물아홉에 창업한 아이두 커뮤니케이션즈를 7년 만에 코스닥 상장사 미투온에 100% 지분 전량을 매각했다. 이후 나는 미투온과 장기계약을 통해 미투온의 철학과 방침, 목표 안에서 경영을 하는 전문 경영인으로서, 코스닥 상장사의 주요 주주가 되었다.

코스닥 상장사와의 M&A 파급효과는 생각보다 훨씬 컸다. 미투온과 아이두 커뮤니케이션즈의 인수합병이 발표된 날, 미투온의 주가가 상당히 올랐고, 기사가 나온 뒤 회사 홈페이지의 서버가 다운이 될 정도로 접속자가 많았다. 주식 게시판에는 종일 아이두 커뮤니케이션즈가 언급되었는데, 미투온의 계열사나 관계사들도 게임회사였기 때문에 디지털 마케팅 회사를 인수하면서 생길 시너지에 대한 기대감을 드러낸 글이 대부분이었다.

창업을 해봤거나 회사를 운영하고 있는 기업인들이라면 코스닥 상장사에 회사를 매각하는 일이 얼마나 어려운지 알 것이라고 생각한다. 실제로 코스닥 상장사가 벤처기업(당시 아이두 커뮤니케이션즈는 소프트웨어개발로 기술보증기금에서 보증을 서준 벤처기업이었다)과 M&A를 진행한 건 국내에서도 손꼽히는 사례였다. 그런 일이 내게 벌어진 것이다.

여기서 한 가지 주의할 점은 M&A가 모두 좋은 케이스가 되는 건 아니라는 점이다. 회사의 가치보다 훨씬 낮은 금액으로 평가 절하하여 인수하려는 기업, 현금 대신 주식을 주겠다면 장외 주식을 주겠다는 비상장회사 등과의 M&A는 조심해야 한다. 실제로 유명한 스타트업 창업가들이 잘못된 M&A로 적은 비용을 받고 회사에서 쫓겨나는 경우가 허다하다.

우리의 인수회사인 미투온은 재무의 투명함과 성장을 목표로 하며 지금까지 아이두 커뮤니케이션즈가 추구하던 방향과 철학이 크게 다르지 않았기에 부딪히는 부분 없이 수월하게 합병이 된 케이스였다. 오히려 그동안 부족했던 재무회계 지식을 배우면서 경영에 대한 판단과 선택의 기준도 더 나아지는 계기가 되었다.

늘 주류가 아닌 비주류의 삶을 살아오던 내가, 전공자가 아님에도 하고 싶은 일이라는 이유만으로 밀어붙여 여기까지 온 지난날을 보상받는 기분이었다. 나처럼 살아도 괜찮다고, 정해진 길이 아니라, 남들이 가는 길이 아니라 내가 하고 싶은 일을 찾아 내가 선택한 길로 걸어가도 된다고 인정을 받은 것 같았다.

UCC에서 시작해 상장사의 주요 주주가 되기까지 크고 작은 실패와 그로 인해 괴로운 시기도 물론 있었지만 그럼에도 창업을 하길 잘했다는 생각이 들었다. 막 성장세였던 온라인 시장을 겨냥한 광고 회사를 선택한 건 약간의 운이 따랐지만, 직접 몸으로 경험하면서 얻어낸 수많은 기회는 결코 운이 아니었음을 나는 안다. 이제야 비로소 내가 살아온 방식에 확신을 가질 수 있게 되었다.

07

공부만이 해답
인수합병이 가져다준 것

'상장회사란 이런 것이구나'라는 감탄도 잠시, 상장사에서 진행하는 사장단 주간회의는 늘 새로운 긴장과 자극이었다.

"이번 주 매출은 3억 2천만 원이고, DAU(일별 액티브 유저)는 8만 5천 명입니다."

"신규 게임이 북미에서 순항 중입니다. 이대로면 스토어 10위 진입은 문제없어 보입니다."

주간회의에서는 계열사와 본사 각 부처에서 한 주간의 변동사항이

나 실적을 발표하는데, 내가 그동안 진행해온 회의와는 완전히 달랐다. 우선 회의에는 각 분야 최고 전문가들이 모두 참석했다. 모든 이야기가 실적 중심으로 한 주간 무엇이 문제였고 어떤 성과가 나고 있는지를 숫자로 이야기했다. 가장 감명받았던 건 회의에 군더더기가 없다는 것이었다. 모든 발표자가 결과가 도출된 과정을 핵심적으로 전달했다. 회의에 참여한 사람은 모두 리더급으로 본인의 말 한마디에 모든 책임이 있다는 것을 알고 있는 듯했다.

상장회사는 일반 법인과 다르게 기업이 공개되어 주식시장을 통해 매일 수백, 수천 명의 주주가 들어왔다가 나가기도 하기 때문에 상장사 대표의 결정에 대한 무게감은 이루 말할 수 없었을 텐데도 선택과 결정에 책임을 알고 있는 계열사 대표들이 자랑스러웠다.

그에 비해 우리 팀에서 진행하는 광고는 장기 계약인 경우가 많아 주간회의에서 발표할 만한 변동사항이 많지 않았다. 그렇다고 매주 다른 계열사의 발표만 듣고 있을 수 없었던 나는 발표할 만한 일들을 찾아 하기 시작했다. 기업 위주로만 하던 광고를 정부 입찰로 확장하고, 광고 상품을 개발하거나 신규 아이템을 회사에 제안하는 등 지금까지 해오던 방식 그대로가 아닌 새로운 분야와 사업에도 적극적으로 뛰어들기로 한 것이다. 매너리즘에 빠질 겨를이 없었다. 덕분에 업무시간에는 기존 파트너사의 프로젝트를, 퇴근 후에는 네트워킹 활동과 영업을 뛰면서 인수합병 이후 안정적으로만 흘러갔던 내 삶은 더욱 바빠지기 시작했다. 하지만 이전의 실패를 교훈 삼아 결정의 순간에서는 무엇보다 신중했다.

리스크 없이 회사를 확장시키기 위해서는 새로운 수익을 늘리는 것보다는 지출을 줄이는 방향이 안전할 거라는 생각이 들었다. 디지털 마케팅에는 바이럴마케팅이 포함되어 있는데. 아이두 커뮤니케이션즈가 기획중심의 광고회사로 체질 개선을 하면서 과거에 직접 진행하던 바이럴마케팅은 외주 거래를 통해 진행해왔었다. 그러다 보니 외주로만 지출되는 비용이 5억가량이었다. 바이럴마케팅에 필요한 콘텐츠는 제작 단가가 1천 원에서 시작할 정도로 규모가 작다 보니 5억 원이라는 비용 안에는 무수히 많은 종류의 콘텐츠 제작이 포함되어 있다는 말이었다.

또한 바이럴마케팅은 온라인 소비자와 가장 가까이 있기 때문에 소비자의 변화와 생각, 매체의 알고리즘을 누구보다 잘 파악하고 있기 때문에 아이두 커뮤니케이션즈가 디지털 마케팅 전문회사로서의 자리를 굳히기 위해서는 바이럴마케팅도 자체적으로 진행해야 한다는 생각이 들었다. 단, 나의 개입 없이도 모든 업무가 가능한 경력 있는 마케팅 선수들이 필요했다.

우리는 4년 동안 외주 거래를 진행해온 바이럴마케팅 회사인 알솔루션과의 인수를 추진했다. 알솔루션은 온라인 전문가로 늘 시장을 분석하고 뻔하지 않은 콘텐츠를 만들어내는 데에 일가견이 있는 회사라서 바이럴 분야만큼은 뛰어난 인재가 모인 곳이었다. 다행히 그동안 신뢰를 쌓아온 덕분에 알솔루션의 7명 남짓한 온라인 전문가들이 아이두 커뮤니케이션즈로 합류했다. 그리고 광고 영업에서부터 제안서 준비, 자금 준비, 운영과 보고까지 광고 전반에 걸쳐서 개입했던 내게 시간과 여유가 생기기 시작했다. 이제는 경영 전반을 돌아볼 차례였다.

내 머릿속에는 경영과 재무에 대한 질문들로 가득했다. 매월 발생하는 비용은 어떻게 예상해서 산출할 수 있을지, 모든 프로젝트의 일정과 비용을 실시간으로 확인할 수는 없을지, 현재 우리 회사의 재무 리스크는 무엇인지, 내년 영업계획을 세울 때 가장 먼저 해야 할 일은 무엇인지. 그동안은 돈을 버는 것에 급급했기 때문에 재무회계를 관리하고 예측하는 일을 해본 적이 없었다.

늘 부족한 자금 압박 때문에 실질적으로 수익을 가져다줄 인력을 충원하는 게 우선이었고, 경영 전반을 대표인 내가 혼자서 관리를 하니 결정이 빠르고 보안이 철저하다는 장점은 있었지만 그만큼 내가 챙기지 못하면 대금 지급이 밀리거나 세세한 비용까지 체크를 하지 못했다. 회사의 규모가 커지면서 내가 모르는 비용을 지급해야 하는 일도 있었는데 계약서, 견적서, 회사 정보 등 수많은 문서와 데이터를 관리해야 하니 정확도가 떨어지기도 했다.

하지만 인수합병을 한 이상 우리 회사의 주주들은 금융법상 보호를 받아야 하기 때문에 무엇보다 투명성과 견실함이 중요했다. 그래서 과거 1년에 한 번 만들던 재무제표를 이제는 매달 만들어 보고해야 했고, 3개월에 한 번씩 발생하는 공시가 있을 때마다 모회사인 미투온의 경영팀에서 수많은 자료를 요구해왔다. 그러니 내게도, 아이두 커뮤니케이션즈에도 변화가 필요했다. 그리고 결론은 단 하나였다.

'내가 더 많이 공부해야겠어.'

상장사와의 인수합병은 이렇게 내 인생을 또 한 번 크게 바꾸었다. 공부는 나랑 맞지 않는다고, 내 체질이 아니라고 생각해왔었지만 정작 나의 갈증을 채워줄 수 있는 방법은 공부밖에 없었다. 광고뿐 아니라 정치, 경제, 문화 등 사회 전반을 알아야 회사의 미래를 설계하는 데에도 도움이 될 것이며, 인사, 재무 등 대표이사가 갖추어야 할 기본적인 지식을 계속 쌓아야 회사를 안정적으로 성장시킬 수 있기 때문이다. 책상 앞에만 앉아있으면 좀이 쑤시던 내가 일을 하지 않는 주말에도 자연스레 공부하는 시간이 늘었다. 책상과 가방에도 전문 서적이 한 권씩 늘기 시작했다. 나는 천천히 변화하는 중이었다.

08

아이템보단 꾸준함
버티기에 관하여

"형, 나 회사 접으려고요."

고등학교 후배이자 게임회사 대표인 영웅이가 갑자기 사업을 그만 하겠다는 이야기를 전해왔다. 영웅이는 국내 최대 게임사인 B 사와 N 사 프로그래머 출신으로 게임 개발 분야에서는 인정받는 전문가였 고, 무려 다섯 개의 투자사와 대형 게임사에서 투자를 유치할 정도로 유능한 사업가였다. 한국보다는 세계시장을 겨냥한 글로벌 게임을 만 들겠다며 오랜 노력 끝에 '마피아 리벤지'라는 퀄리티 높은 게임으로 업계에서 찬사를 받으며 화려하게 데뷔했다. 투자사들의 뜨거운 관심과 지속적인 투자 유치로 회사는 고속성장해 나갔고, 50만 다운로드라는 실적을 기록했다. 이렇게나 대단한 성과를 얻은 영웅이가 사업을 접겠다고 말한 것이다.

회사를 향한 스포트라이트와는 별개로 영웅이는 대표로서 지속적인 매출을 내야 한다는 실적 압박과 직원 관리 등 경영에 대한 고민이 많았다. 몇 개월 전까지만 해도 중국의 큰 게임회사로부터 투자를 받으며 향후에 대한 기대가 컸기에 영웅이의 말은 내게 큰 충격으로 다가왔다. 한편으로는 이해가 되기도 했다. 혼자서 7년이라는 시간 동안 회사를 운영하면서 말 못 할 사연과 고민이 많았을 것이다. 그만두겠다고 결정을 내린 이상 폐업 이후 생길 모든 문제에 대해서도 이미 생각해두었다는 의미이므로, 나는 그저 그의 말을 듣고 있을 수밖에 없었다.

창업보다 어려운 것이 폐업이다. 회사를 위해 일해 준 동료 직원을 말 한마디로 내보낼 수도 없고, 젊은 날의 땀과 열정을 바친 회사를 미련 없이 그만두기란 쉽지 않다. 투자까지 받은 경우에는 더 복잡한데, 주주의 동의도 받아야 함은 물론이고 투자를 받았다는 건 이미 시장에 어느 정도 알려졌다는 뜻이므로 폐업한다는 소문이 나면 경영자는 실패자로 낙인이 찍힐 수 있다. 7년간 운영해온 회사를 접는 건 더 어려운 일이다. 회사를 정리하는 기간은 실제 창업한 기간과 비례한다는 말도 있을 정도로, 폐업 신고만으로 끝나는 것이 아니라 거래처와의 관계, 재무 관계 등 처리해야 할 문제가 많다.

그럼에도 불구하고 영웅이는 판단을 내렸고, 회사를 정리해야겠다고 마음먹는 데까지 오래 걸리지 않았다. 투자자들을 모두 만나 상황을 전하고 양해를 구했으며, 직원들의 퇴직금을 모두 챙겨준 후에 아내와 베트남으로 2주간 여행을 떠났다.

나는 가만히 영웅이의 앞날을 떠올려보았다. 언젠가 나도 영웅이와 같은 선택을 할 수 있을지도 모르기 때문이다. 7년간 쉼 없이 달려왔으니 잠시 휴식이 필요할 수도 있겠지만 가장으로서 어떤 결정이든 쉽지 않을 것 같았다. 워낙 능력이 출중하기 때문에 어디든 취업을 할 수도 있을 것이었다. 그것도 나쁜 선택은 아니라고 생각하던 내게 영웅이는 새롭게 출시하는 게임의 트레일러 영상을 보내왔다. 다시 사업을 시작했다는 말과 함께.

베트남에서 머리를 식히고 돌아온 영웅이는 동료 중 일부를 모아 다시 한번 시장에 도전장을 내민 것이다. 7년간 쌓아온 내공은 대단했다. 불과 4개월 만에 만든 게임은 출시하자마자 일본에서 대박이 나며 30만 다운로드, 일본 추천 앱 1위, 신규 앱 1위를 달성하며 매출과 자신의 능력을 다시 한번 증명해냈다. 한 가지 분야에 대한 꾸준함과 자신을 믿고 나아가는 신념이 만들어낸 결과였다.

나도 광고회사만 10년을 운영했지만 한 가지 분야만을 꾸준하게 한다는 건 정말 어려운 일이다. 다른 일을 해보자는 유혹, 소위 돈 되는 아이템으로의 사업 확장과 같은 기회가 많기 때문이다. 그저 돈을 벌기 위해서 사업을 하다 보면 돈이 안 된다는 이유로, 경쟁자가 많다는 이유로, 나와 맞지 않는다는 이유로 사업 아이템을 자주 바꿀 수밖에 없다. 이런 사업가를 비난하는 것이 아니라 단지 나는 한 가지 분야만을 꾸준히 밀고 나가는 사람을 동경하고 존경한다. 한 분야에서 오랫동안 살아남아 성공한 사람은 탄탄한 내공으로 잘 무너지지 않고, 실수가 적으며 기회가 왔을 때 빛을 발한다. 영웅이도 그런 뚝심 있는 사업가였다.

모바일 시대로 넘어오면서 가장 큰 변화를 겪은 분야가 또 있다. 영상 업계다. 홍대에 건물 전체가 영상회사로 운영될 정도로 규모가 큰 사업체를 운영하는 대표님이 있었다. 기업 홍보영상부터 광고영상, 방송 프로그램까지 만들면서 승승장구하던 영상회사는 시장의 변화로 규모가 작아지면서 어려운 시기를 보내야 했다. 누구나 영상을 쉽게 다루고 편집할 수 있게 되면서 단가 자체가 줄어들었기 때문이었다.

하지만 대표님은 아이템을 바꾸는 대신 고액 고퀄리티 영상제작에 대한 자존심을 버리고 기업이 원하는 단가에 맞추어 영상을 제작하며 버텼고, 그러면서 앞으로 다가올 동영상 시장에 대한 공부도 게을리하지 않았다. 그러다가 재기할 수 있었던 계기가 드론 촬영이었다.

지금은 드론 촬영이 가능한 프로덕션을 많이 볼 수 있지만 몇 년 전만 해도 드론 촬영을 할 수 있는 곳이 손에 꼽혔고, 미리 준비를 해두었던 대표님은 드론 촬영의 선구자로 시장을 앞장서 나갔다. 그리고 유튜브 시대가 시작되면서 영상 업계의 부흥 시대가 다시 열려 현재는 패션 유튜버 크리에이터 회사로 승승장구 중이다. 영상이라는 한 가지 분야를 꾸준히 하고 있던 대표님에게 다시 기회가 온 것이다.

시장은 언제나 변화한다. 시장에 맞추어 유행하는 아이템만을 좇다 보면 전문성은 상대적으로 떨어질 수밖에 없다. 현재 성공한 사업가들이 처음부터 대박 날 아이템을 가지고 사업을 시작한 경우는 별로 없다. 아이템은 별로 중요하지 않다. 내가 잘할 수 있는 일을 얼마나 오래 할 수 있는가가 중요하다. 계속 공부해나가면서 성장시킬 수 있는 아이템이어야만 업계의 전문 회사로 성장시킬 수 있다.

지금 내가 가진 아이템이 시장성과는 조금 거리가 멀다고 하더라도, 눈에 띄는 성과가 보이지 않더라도 내공을 쌓는 시기라고 생각하는 건 어떨까. 한 분야만 파는 것은 절대 멍청한 일이 아니다. 10년간 100개의 아이템에 도전하는 사람보다 1개의 아이템을 10년간 발전시키는 사람이 더 높이, 더 멀리 갈 수 있다고 자신할 수 있다. 나 또한 그런 경험자이기도 하니까.

4부

CEO로서의 자세

" CEO는 이 정도는 해야 한다고 믿고 있다

사업은 경제적인 이익을 목적으로 하는 일이지만 그것보다 우선시 되어야 할 것이 있다. 인간관계다. 회사를 운영한다는 말은 여러 사람과 관계를 맺고 있다는 말이기도 하다. 광고주와의 관계, 거래처와의 관계, 직원과의 관계. 아무리 좋은 아이템일지라도 함께 일할 좋은 동료가 없다면 사업은 성공할 수 없다. 돈보다 사람과의 관계가 우선되어야 하는 이유다.

아이두 커뮤니케이션즈가 몇 번의 폭풍우에도 다시 일어날 수 있었던 건 주변의 좋은 사람들 덕분이었다. 이들이 나를 믿고 도움을 준 건 나의 사업 능력이 뛰어나서도, 아이템이 획기적이어서도 아니다.

꾸준한 태도.
어떤 상황이든, 무슨 일이든 꾸준히 해나가는 태도가 무엇보다 중요하다고 나는 믿고 있다. 〞

01

고민보다 Go
불안감은 준비된 사람만이 느낄 수 있다

사업을 고민하는 부류는 크게 두 가지로 나눌 수 있다.

첫째, 사업 아이템을 자주 바꾸는 부류
둘째, 완벽히 준비가 될 때까지, 혹은 투자를 받을 때까지 기다리는 부류

내 경험상 높은 확률로 위 두 부류는 사업을 시작하지 못하거나, 시작한 후에도 오래가지 못한다. 사업은 완벽할 수가 없다. 늘 불안함의 연속이다. 변수라는 것이 존재하기 때문이다. 그래서 너무 분석적이거

나 계획적인 사람이 오히려 사업을 시작하지 못하는 경우가 많다.

광고회사 3년 차에 만난 사람이 있다. 늘 문제의 본질을 찾아 핵심을 잘 짚었고, 어떤 상황에서든 평정심을 잃지 않고 이성적인 판단으로 문제를 해결했다. 그와 함께 일하며 나는 많은 것을 배웠다. 소비자가 원하는 것을 어떻게 찾는지. 시장은 어떻게 분석하는지. 기업이 말하고자 하는 메시지를 어떻게 전달할 건지를 명확하게 알 수 있었다.

그는 나에게 가끔씩 본인의 사업 아이템에 대해 들려주곤 했는데 사업 계획도 역시나 치밀했다. 시장에 대한 디테일과 수익을 낼 수 있는 비즈니스모델도 완벽했고, 투자를 받을 곳까지 이미 다 설계가 되어 있었다. "그래, 사업은 이런 사람이 하는 거야."

나와는 완전히 다른 스타일의 그를 보며 생각하곤 했었다. 하지만 어찌 된 일인지 그의 사업계획서는 계속 탄탄해져 가는데도 막상 실천에 옮기지는 못했다. 매사에 리스크를 분석하다 보니 자신의 일에 있어서도 혹시 벌어질 리스크를 생각하느라 선뜻 시작하지 못하는 거였다.

반면 마음먹은 동시에 일단 시작하고 보는 부류도 있다. 대욱이가 그랬다. 대욱이는 나를 만나 사업 아이템에 대한 의견을 물은 후 개업식을 하기까지 6개월밖에 걸리지 않았다. 평소 말이 느린 것과는 달리 행동은 빠른 친구였다. 최소한의 준비가 되었다고 생각하면 즉시 움직였고 완벽하진 않더라도 부딪히면서 하나씩 배워나가는 타입이었다. 최소한의 준비로 시작한 그의 사업은 승승장구해 꿈으로만 남아 있었을지도 모를 그의 사업이 현실로 구현되었다.

생각을 실행으로 옮기기 힘든 건 불안함 때문이다. 내가 선택한 일이지만 실제 실행에 옮길 경우 벌어질지도 모를 일들에 대해 책임을 지기가 두렵기 때문이다. 잘 되리라는 확신을 갖기도 힘들다. 나 역시 창업을 시작하기 전에는 불안감에 잠도 이루지 못한 날이 많았다. 매달 직원들의 급여는 제대로 줄 수 있을지, 프로젝트를 잘 수행해낼 수 있을지에 대한 고민으로 머릿속이 가득 찼다. 하지만 이런 생각은 생각만으로 답을 주지 않는다. 고민만으로는 불안감이 해소되지 않는다. 직접 부딪혀봐야 내가 무엇이 부족하고 무엇을 준비해야 하는지 알 수 있기 때문이다.

불안감은 준비된 사람만이 느낄 수 있는 감정이라고 생각한다. 수차례 고민하고 철저히 준비할수록 걱정도 생긴다. 자만하는 것보다 낫다고 생각한다. 무턱대고 사업을 시작하라는 의미는 아니지만, 아무리 준비된 사람이라도 실행으로 옮기지 않으면 아무 일도 일어나지 않는다는 말을 전하고 싶다. 완벽한 상태를 기다리려 하지 말고, 지금 당장 시작하되 조급해하지 말고 천천히 한 걸음 한 걸음씩 나아가야 한다. 누구나 한 보폭에는 한 걸음만 나아갈 수 있으니까, 준비한 자신을 믿고 하고 싶은 일이 있다면 시작해보기를 바란다.

02

직원 관리와 동업

대화와 침묵을 적절하게 사용하기

광고 회사의 대표로서 나는 직원 관리를 위해 정말 많은 시도를 해왔다. 출근 시간을 엄격하게도 해보고, 자율 출근제, 근무 유연제도 도입해보았다. 직원 복지에 힘을 주기도 하고, 법적 근로 기준만 지켜본 적도 있다. 업무 효율을 위해 회사에 제출해야 하는 서류를 대폭 줄이고, 종이에서 모바일 결제를 도입하는 등 다양한 시도를 했다. 하지만 결과는 늘 만족스럽지 못했다. 회사 규모에 맞지 않은 대기업의 시스템을 적용하고 나니 직원들에게 바라는 성과의 기대치만 높아졌기 때문이었다.

직원들의 반응은 말 그대로 케이스 바이 케이스였다. 회사 복지에 대해 만족스러워하는 직원이 있으면 꼭 불만족스러워하는 직원도 있었다. 모두를 만족시킬 순 없었다. 최종적으로 내가 깨달은 직원 관리 방법은 직원을 채용할 때 회사에 대한 정확한 정보를 미리 주는 것이었다. 회사가 원하는 인재상과 회사에서 제공해주는 것들, 회사의 업무 방식을 구체적으로 전달해 선명한 기준으로 채용하는 것이다. 그래야만 서로 합의된 만큼의 기대만 할 수 있기 때문이다.

우리 회사는 바로 현장에 투입이 되는 방식으로 업무가 진행이 된다. A부터 Z까지 차근차근 배워나가는 회사도 있겠지만, 아이두 커뮤니케이션즈 자체가 현장의 경험을 쌓아 올려 만들어진 회사다 보니 직원들에게도 시도와 도전을 아끼지 않는 제너럴리스트가 되기를 바란다. 만일 주어진 담당 업무만을 해야 하는 조직에서 스페셜리스트로 성장하기 원하는 사람이라면 우리 회사와는 맞지 않을 것이다. 이 점을 채용 시점에 미리 인지시키는 것이 중요하다. 회사의 가치관과 나아가고자 하는 방향이 맞는 인재와 일해야만 서로의 시간과 에너지를 낭비하지 않을 수 있다.

물론 직원과의 관계가 항상 원만했던 건 아니다. 창업 초기 삼고초려 끝에 직장을 그만두고, 연봉까지 삭감하면서 아이두 커뮤니케이션즈로 이직해준 창립 멤버들에게 실망감을 안겨준 때도 있었다. 자본금이 적었던 창업 초기의 일이다.

메세나 프로젝트 이후 회사의 대표 레퍼런스가 생기고 나니 광고 영업이 훨씬 수월해졌다. 거래하는 기업이 늘어나고 일은 많아졌는데 이상하게 회사 자금 사정은 더욱 나빠졌다. 프로젝트가 늘어나면서 거래하는 광고 규모는 커지는데 자본금이 적어 선 결제를 해주어야 하는 매체사나 제작사에 비용을 지급하다 보면 두 달 정도의 자금 공백이 발생했다. 광고 업무만으로도 바쁜 직원들은 회사가 돈이 없는 탓에 결제 독촉 전화에도 시달려야 했다. 대출을 받아보려 해도 회사 설립 기간이 3년이 되지 않아 평가를 받을 수도 없었다.

요즘은 창업 자금 지원이 잘 되어 있지만 당시엔 대체로 지원이 적거나 국가보조금에 대한 정보를 얻기가 어려웠다. 또한 기업 대출은 기술특허나 3년 이상의 재무제표가 있어야만 대출이 가능했다. 그야말로 위기였다. 그럼에도 직원의 급여는 1순위였기에 보험 해지, 카드론, 개인 대출 등 모든 방법을 동원해 급여를 마련했지만 그렇지 못한 달도 있었다. 회사나 직원들에겐 문제가 없었다. 다만 우리도 받지 못한 밀린 대금 때문에 자금의 공백이 생기는 게 문제였다.

당시 무엇보다 힘들었던 건 멋진 광고회사를 함께 만들자며 같이 노력해온 팀원들을 내보낸 것이었다. 팀원 중에는 20대의 대부분을 나와 보낸 친구도 있었다. 회사가 급여를 늦게 주자 대출을 받은 직원도 있었고, 잦은 야근과 주말 근무에 비해 턱없이 낮은 급여를 받으면서도 남아준 팀원도 있었는데. 나는 이런 사람들을 배신한 것과 다름없었다.

나는 직원들을 위해 밀린 대금이 있는 업체에 적극적으로 대금 지급을 요구했고, 광고를 수주할 땐 선금 일부를 요청하기도 했다. 그동안 돈에 관해서는 아쉬운 소리를 잘 하지 못했던 나의 성격이 직원의 월급을 주지 못하는 상황으로 이어진 것이었다. 내 체면보다 직원의 월급을 우선해야 된다는 것을 깨달은 나는 돈에 대해서만큼은 과감해졌다. 내가 변하자 회사의 자금도 안정이 되어갔고, 이후로는 급여가 밀리는 일이 없었다.

금전에 대한 약속은 대표가 반드시 지켜야 할 신용이자 의무다. 급여란 어떤 상황이든 양해를 구할 수 없는 일이며, 이를 절대 가볍게 여겨서는 안 된다. 회사가 어려워져서 급여 지급일이나 액수의 변동이 생겨야 한다면 이에 대한 이해와 결정은 직원의 몫이지 대표가 통보해야 하는 일이 아니다. 직원 입장에서는 회사와의 기본적인 약속이 깨진 것이니 다른 어떤 약속도 믿을 수 없기 때문이다.

우리 회사에는 나와 10년째 함께 일하고 있는 직원이자 동료인 인호가 있다. 아이두 커뮤니케이션즈의 창업 초반부터 등장하는 창립멤버다. 이 이야기를 들은 사람들은 묻는다. 친한 친구랑 동업하면 거의 안 좋게 끝난다는데 이렇게나 오래 함께할 수 있는 비결이 있냐고.

진부한 방법이라고 생각할 수 있지만 대화를 자주 나누는 게 관계의 비결이다. 정확히 말하면 대화와 침묵을 적절하게 사용하는 것이다. 나와 인호는 여전히 거침없이 대화를 나눈다. 인호는 마음에 들지 않는 부분과 불만을 내게 언제든 편하게 이야기하지만, 한편으로는 최종 결정권자인 내가 결정을 하고 나면 묵묵히 나의 결정을 따라온다. 내가 한 잘못된 결정으로 피해를 보더라도 내게 잘못을 따지지 않는다. 고민 끝에 가장 나은 선택을 한 것이기 때문이다.

그러니 어떠한 선택이든 잘못된 선택은 있을 수 없다. 나쁜 결과만이 있을 뿐이다. 나와 인호의 역할 분장은 확실하고 그에 대해 서로의 선을 넘지 않는다. 대표로서 이런 사람과 파트너로(현 부사장) 같이 일한다는 건 행운이다. 인호가 좋은 대표를 만날 확률보다 내가 이런 파트너를 만날 확률이 더 낮다.

친구랑 동업을 하면 관계가 틀어진다는 말을 자주 들었고, 내 주변에도 그런 케이스가 있는 게 사실이다. 이런 관계에서 무엇보다 중요한 건 결과에 대해 책임을 묻지 않는 것이다. 결정을 하기 전까지는 수없이 많은 대화와 토론이 필요하지만 고민 끝에 내린 결정 이후에 결과에는 침묵하는 것. 서로를 탓하는 대신 더 나아질 방법을 찾아보고 다음 단계로 넘어가는 것. 이게 나와 인호가 찾은 방법이다.

03

사업가 네트워크
중요한 정보는 책상 위에 없다

사업을 시작할 때 힘든 것 중 하나가 '모르는 게' 많아도 너무 많다는 것이다. 세금부터 대출방법, 직원 관리, 영업방법, 홍보 등 모르는 것 투성이다. 사업 관련 사적도 많고 경영에 대한 조언을 담은 영상도 유튜브에서 어렵지 않게 찾을 수 있지만, 현실은 이론과 다르다.

회사는 살아있는 생물과 같아서 내가 알고 있던 부분도 사람과 상황에 따라 달라지며, 끊임없이 변화하는 시장과 국가 정책과 법률을 인지하고 적용하는 것만으로도 오랜 시간이 걸린다. 법무팀, 재무팀, 인사팀, 비서실, 경영전략실 등 전문 인력이 포진되어 있다면 상황은 좀 나아지겠지만 이제 막 창업한 회사는 대표이사가 모든 일을 처리해야 하는 게 현실이다. 아무리 세무사나 변호사에게 비용을 지불하고 고문을 맡기더라고 회사의 직원으로 채용하지 않는 이상 실시간으로 변화하는 정책과 상황을 알아차리고 대응하기란 쉽지 않다.

그렇다면 창업 1년 차를 벗어나면 고민이 줄어들까? 아쉽게도 그렇지 않다. 연차가 쌓이면 쌓일수록 매번 새롭게 어렵고 새로운 고민이 생겨난다. 연차별로 달라지는 나의 고민을 정리하면 다음과 같다.

1년 차

- 신생회사에서는 인재를 채용하기 어렵다
- 교통이 좋은 비싼 역세권 사무실과 번화가에서 떨어진 저렴한 사무실 중 어디가 좋을까?

3년 차

- 열심히 하는 것에 비해 왜 돈이 안 벌릴까?
- 매달 직원들 월급 챙겨주는 게 부담이다. 직원들 정리하고 혼자 일하면 돈을 더 벌 수 있지 않을까?

5년 차

- 회사가 어느 정도 자리를 잡긴 했는데, 계속 이렇게 벌 수 있을까?
- 우리도 새로운 도전을 해야 할 때인 것 같은데, 신사업으로 아이템은 뭐가 좋을까?

7년 차

- 이전처럼 내가 계속 뛰어다닐 순 없어. 어떻게 해야 나 없이도 회사가 잘 운영될 수 있을까?
- A 회사 대표가 회사를 합쳐서 크게 키우자는데 옳은 일일까?

9년 차

- 앞으로 적어도 5년은 더 안정적으로 벌어들일 새 아이템을 또 찾아야 해
- 우리도 기업공개를 하고 상장에 도전해볼까?

회사마다 목표나 방향이 다르기 때문에 모두가 나와 같은 고민을 하는 건 아닐 것이다. 하지만 시기는 다를지 몰라도 CEO라면 비슷한 고민을 하고 있을 거라고 생각한다. 기본적으로 고민에 대한 답은 스스로 찾아야겠지만 고민이 생길 때마다 찾아가 도움을 받은 곳이 있다. 나와 비슷한 상황에 있는 사업가들을 만나 함께 해결책을 찾아보는 것이다.

나는 나와 비슷한 상황이거나 비슷한 고민을 거친 사업가들에게 조언을 구하기 위해 비즈니스 조찬 모임에 가입했다. 아이두 커뮤니케이션즈의 역사에서 이때 만난 사람들을 빼고는 이야기할 수 없을 정도로 조찬 모임에서 만난 사업가들에게 실질적인 도움을 많이 받았다.

비즈니스 모임이니만큼 나이는 상관이 없었다. 조찬 모임에서 만난 선배님들은 자신보다 스무 살이나 어린 나를 한 회사의 대표로 인정해 주었고, 내 이야기에 정중히 귀 기울여 주었다. 각자의 분야에서 성과를 내고 있는 사업가들 사이에서 한 기업의 대표로 인정받은 나는 자신감이 생기기 시작했고 더불어 오랜 경험을 가지고도 겸손함을 잃지 않는 태도를 배울 수 있었다.

조찬 모임의 이름은 'BNI'였는데 '주는 자가 얻는다'라는 철학을 가지고 운영되고 있었다. 사업은 사냥이 아니라 농사를 짓는 마음으로 해야 한다는 생각으로 서로의 이야기에 경청하고 도움을 주는 것이 목적이었다. 5년간 이 모임에 참여하면서 오랫동안 함께 하고 싶은 사업가들을 만났고, 여러 산업에 종사하는 대표들로 구성되어 있다 보니 정보를 얻는 데에도 도움이 되었다.

변호사, 세무사, 변리사, 헤어뷰티 샵, 자동차정비소, 프랜차이즈

회사, 포스기, 가전제품 회사 등 매주 적게는 30개, 많게는 60개 회사의 대표들을 만나다 보니 자연스럽게 나의 시야가 넓어졌다. 광고 관련 사람들과의 네트워크도 물론 업계의 현황과 입찰 소식을 알 수 있어 도움이 되지만. 다양한 사업가를 만나면서 내가 가진 고민을 조금 다른 시야로 바라보니 해결책도 보이기 시작했다.

사업가 모임이나 네트워크는 관련 정보나 경험 없이 사업을 시작한 창업가에게 꼭 필요하다. 단, 사업에 지장이 없는 한도 내에서 말이다. 사업가에겐 네트워크가 필수적이다. 협업과 소개의 가능성도 있지만 사업가에겐 늘 정보가 필요하기 때문이다. 실질적인 정보는 책상 앞에서가 아니라 사람과의 대화를 통해 얻는 경우가 많다.

국내에는 CEO 과정, 조찬 모임, IR 행사 등 사업가들이 모여 정보를 교류하는 모임이 많이 있고, 장기적으로 비즈니스를 교류할 수 있는 사람도 만날 수 있다. 나와 비슷한 상황과 고민을 가진 사업가를 만난다면 더할 나위 없다. 함께 성장해나갈 수 있을 테니 말이다.

04

멀리해야 하는 것
비용 절감 안 하면 바보라고?

사업 초기에 가장 조심해야 하는 것이 무엇이냐고 묻는 사람들이 있다. 직장은 다니면서 사업을 준비해온 사람들은 이미 사회 경험이 풍부하고 간접적으로 사업 지식을 쌓을 기회도 많지만 사회 경험이 없는 젊은 나이에 창업을 하려고 할 때는 조심해야 할 부분이 많다.

나는 크게 두 가지 멀리해야 할 것을 소개하고 싶다. 창업 관련 포스팅에 가장 중요한 항목으로 나오는 것이기도 하다. 창업 포스팅과 다른 점이 있다면, 나는 반대로 이 두 가지를 절대 하지 말아야 한다고 생각한다는 점이다.

첫째, 비용 절감에 대한 강박 멀리하기

　내가 알고 지내는 소상공인 혹은 중소기업의 대표님들은 거의 매번 세금이나 인건비 줄이는 방법에 대해 조언을 해주었다. 특히 이들은 내게 연말에 세금을 내는 건 사업할 줄 모르는 바보라며 비용을 줄이는 편법을 알려주었다. 누군가는 수익이 나면 세금을 내지 않기 위해 지출을 늘려야 한다며 차를 바꾸거나 사무기기를 교체한다고 했다. 출장비로 처리한다며 해외여행을 가거나 회사를 하나 더 만들어서 매입을 잡거나 하는 등의 방법으로 수익이 나지 않게 보이도록 하면서 재산을 축적하고 있다고 했다.

　처음에는 사업하는 모든 사람들이 이렇게 절세를 한다고 생각했다. 하지만 내 생각이 잘못된 것임을 사업을 시작하고 7년이 지나고야 알았다. 우리 회사는 M&A 된 이후 상장사의 100% 자회사라는 이유로 매년 회계감사를 받아야 했다. 기업 공개된 상장사는 투자자들의 권익을 보호하기 위해 경영상황을 지속적으로 투명하게 공개해야 할 의무가 있는데, 법적으로는 1년에 한 번 외부 회계법인을 통해 감사를 받아야 한다. 그동안 내가 어깨너머로 배운 세무 지식과는 전혀 달랐다.

　매출 형태에 따라 50억이었던 매출이 31억이 되고, 이미 지난 일이라고 생각한 미수채권, 대표이사 가지급금, 과거 불투명한 장부의 내역들까지 조사받으면서 상세하게 답변해야 했다. 세금신고를 다시 해야 하는 일도 있었고 그동안 직원에게 지급했던 상여금이나 퇴직금도 근로기준법으로 정확하게 정리하다 보니 비로소 내가 무지했다는 사실을 깨달았다. 당시 상장사 재무팀장님이 해준 말은 아직도 잊히지 않는데, 창업을 하려는 모든 사람에게 들려주고 싶은 말이기도 하다.

"회사 대표는 돈 버는 것에 집중해야 합니다. 쓸데없는 데 관심을 가지는 건 대표이사의 본분과 시간을 낭비하는 것이에요."

재무팀장님의 말을 듣자마자 그동안 내가 돈을 왜 벌지 못했는지를 알 수 있었다. 창업 초기에 잘못 배운 탓에 매월, 매 분기, 연말에 부가가치세와 법인세를 줄이려고 얼마나 많은 시간을 낭비했던가. 차라리 그 시간에 돈을 더 벌려고 노력했다면 더 값진 경험을 했을 것이다.

큰 깨달음을 얻은 나는 돈을 벌고 사업을 하는 데에만 집중했고, 영업이익의 10%를 세금으로 내는 법인세만 1억을 넘게 내는 성과를 낼 수 있었다. 세금을 많이 내는데 기분이 좋은 건 처음이었다. 그만큼 우리 회사가 돈을 많이 벌었다는 의미이기 때문이었다. 절세하는 대표가 능력 있는 게 아니라 영업이익과 세금을 많이 내는 대표가 능력 있는 거라는 걸 알게 된 것도 이때였다.

물론 사업을 할 때에는 필요한 비용을 절감하는 것도 중요하다. 하지만 세금, 근로기준법상 근로자비용 등 이미 정해진 비용을 임의대로 조정하게 되면 그 대가는 반드시 돌아온다. 절세하는 방법에만 신경을 쓰는 사업가를 조심하자.

두 번째, 투자 유치에 대한 강박을 멀리하라

"요즘 국가에서 얼마나 지원이 많은데 내 돈으로 사업하면 바보야."

최근 몇 년 전 사이에 국가에서 창업가를 지원하는 사업이 많아지면서 창업은 반드시 지원이나 투자를 받아야만 하는 것으로 생각하는 사람들이 있다. 새로운 시장의 사업일수록 이런 이야기는 상당히 솔깃하게 들린다. 하지만 여기에도 함정이 있다. 투자를 기본으로 설계하는 사업은 상당히 위험하다는 것이다. 뉴스나 기사에는 투자 유치에 대한 내용만 있을 뿐, 투자를 받은 이후에는 어떤 일이 벌어지고 어떤 일들을 처리해야 하는지 알기 어렵다.

초기 사업가들은 투자라는 달콤함에 빠져 수익 창출보다는 투자 유치를 위한 준비에 힘을 쏟는다. 국가에서 지원해주는 사업에 조금이라도 초기 자금을 받기 위해 시간을 들여 수많은 교육을 듣고 사업계획서를 쓴다. 돈을 벌기 위해 현장에서 뛰어야 할 시간에 몇 달간 교육장에서 의미 없는 시간만 보내게 된다.

사업이라는 것은 한 달 뒤에 큰 돈을 벌지, 10년이 지나도 그대로일지 아무도 모른다. 기업의 가치는 이윤 추구임을 잊어서는 안 된다. 대표가 투자에만 관심을 기울이다 보면 희망 고문 당하는 직원들은 저임금으로 고강도의 노동을 할 수밖에 없고, 뒤늦게 수익을 내려고 해 보아도 자금 사정이 좋지 않아 또다시 투자만을 바라는 악순환이 반복된다.

투자는 잘 될 때 받는 것이다. 수익이 나고 있는 상황에서 더 많은 수익을 내기 위함이지 투자받은 돈으로 회사를 운영하려고 하면 안 된다. 최소한 투자 유치에 실패하더라도 시장에 바로 내놓을 수 있는 제품과 서비스가 준비되어 있어야 한다. 투자자들은 바보가 아니다. 투자를 하면 수익을 돌려받길 원하는 게 당연하다. 정부 사업도 다르지 않다. 세금으로 창업가를 키운다는 것 자체가 대가를 원하는 것이다.

그러므로 초기 사업가들은 자신의 아이템을 정확하게 분석하고 시장을 경험하면서 준비가 되었을 때 투자에 관심을 가지는 게 좋다. 투자를 목적으로 사업 아이템을 바꾸는 것도 아주 위험하다. 투자는 사업에 반드시 필요한 필수 조건이 아니다.

 사업 초기에 레퍼런스가 없거나 롤모델이 없어 불안하겠지만 자신의 전문성을 갈고 닦는 것에 집중하는 게 장기적으로는 더 좋은 방법이다. 달콤한 이야기로 환상에 빠지지 않도록 멀리해야 할 사람과 환경이 어떤 것인지 미리 알고 잘못된 습관과 사고에 물들지 않도록 마음을 다잡아야 한다. 어떠한 결과든 오직 내가 직접 경험한 성공과 실패를 통해 온다는 걸 잊지 말아야 한다.

05

결정 훈련
결정에도 훈련이 필요하다

어느덧 40대를 바라보는 나이가 되었어도, 친구들을 만나 나누는 대화는 20대와 크게 다르지 않았다. 두 가지로 정리하면 결국 돈과 꿈에 관한 이야기였다. 직장을 다니는 친구들의 경우 하고 싶은 일이 있어 회사를 그만두고 지금까지 모아놓은 돈으로 사업을 시작해보고 싶은데 안정적인 직장을 그만두고 나서의 후폭풍이 두렵다는 고민이었다. 정답은 이미 자신의 마음속에 있지만 결정을 하지 못하는 것처럼 보였다. 오랫동안 직장생활을 해온 친구들은 중요한 결정을 본인이 아닌 회사가 해왔기 때문에 스스로 결정하는 것에 익숙지 않았다.

30대 후반에 창업을 결정하기란 쉽지 않다. 창업 초기에는 직장생활을 할 때처럼 수익을 내지 못하기 때문에 가장으로서 죄책감이 들기도 한다. 소비는 줄이더라도 매달 꼬박꼬박 지출해야하는 대출금과 보험료가 있으니 창업이 엄청난 도박처럼 느껴지는 것도 사실이다. 그렇다고 직장이 나의 미래를 보장해주는 건 아니다. 언젠가는 회사를 떠나야 할 때가 온다. 더 늦은 나이에 시작하는 것보다 한 살이라도 더 젊을 때 도전하는 게 맞지 않을까 고민하다 보면 어떠한 결정도 내리지 못하게 된다.

친구들의 이야기를 빌려온 이유는 선택과 결정도 훈련을 거쳐야 한다는 걸 말하기 위해서다. 훈련이라고는 했지만 거창하고 어려운 일이 아니라, 작은 일부터 자신이 직접 선택한 후 그에 대한 결과를 감당하는 경험을 해보라는 의미이다. 선택의 경험이 쌓이면 어느 정도는 결과를 예측할 수 있는 눈이 생기고 결과에 대한 두려움도 사라지게 된다. 그러니 오랜 시간이 걸리더라도 결정을 해야만 한다. 결정 뒤에 오는 결과도 책임을 져야만 한다. 그것이 결정 훈련이다. 인생은 탄생(Birth)과 죽음(Death) 사이에 선택(Choice)이라는 말이 있듯이 우리의 매 순간은 선택과 결정이다.

M&A 이후 수많은 계열사의 대표가 함께 있는 자리에서 수십억 규

모의 사업이 단 5분 만에 결정이 나는 것을 보고 느낀 점이 있다. 이미 여러 실패와 성공을 경험해 온 이들은 결정의 퀄리티가 상당히 높다는 점이다. 실패의 확률이 높은 결정, 성공의 확률이 높은 결정이 무엇임을 무수한 실패의 담금질 끝에 얻은 데이터베이스로 알고 있는 것이다. 그래서 성공한 사람들은 어떤 결정이든 오래 고민하지 않는다. 이미 답을 알고 있거나, 결정을 내린 후에 답을 찾아가기 때문이다. 결정과 피드백, 수정, 그리고 반복, 이것이 결정의 퀄리티를 높이는 유일한 방법이다.

사업 10년 차가 되다 보니 '사업을 잘한다'는 소리를 종종 듣는다. 사업을 잘한다는 건 '결정을 잘 내린다'는 것과 같은 의미라는 걸 이제는 안다. 그게 꼭 옳은 결정은 아닐지라도 선택을 미루고 갈팡질팡하는 모습이 아니라 결과에 대한 책임을 지겠다는 모습으로 비춰질 테니 말이다. 더불어 현명한 선택으로 실패의 횟수를 줄여나가는 것이 핵심인데, 그런 면에서 나는 10년의 사업 기간 동안 결정의 퀄리티를 높이는 방법을 배워온 것 같다.

06

나만의 사업 공식 만들기
연차별 사업 공식 대공개

사업도 공식대로 할 수만 있다면 얼마나 편할까?

창업을 하고 회사를 잘 운영하고 싶은 마음에 수많은 자기계발서와 명사 강의를 찾아봤다. 저들의 이야기만 들으면 누구나 사업에 성공할 것 같은데 막상 내 상황에 대입시켜보니 잘 맞지 않았다. 다른 사람이 만든 공식은 그에게 적용되는 공식이었다.

나는 나만의 공식을 만들어야 했다. 내게 맞는 사업 공식은 책 속이나 명사 강의가 아닌 현장에 있을 거라고 생각했고, 그렇게 현장에서 보고 배운 노하우를 내게 적용해보면서 나만의 사업 공식을 연차별로 만들어나갔다. 그리고 사업 경력 10년이 된 지금 내가 만든 나만의 사업 공식을 관통하는 절대 불변하는 문장은 '사업에 지름길은 없다'는 것이다. 성공하기 위해서는 반드시 경험의 단계가 존재한다. 내가 직접 경험하며 깨달은 나만의 연차별 사업 공식은 이렇다.

▶ 1년 차, 도전
생각보단 행동하라. 큰 결과를 바라는 대신 작은 성취를 목표로.
- 시행착오는 처절하게
- 나에 대한 검증은 확실하게

창업 초기에는 한마디 말을 얹으려는 사람들 때문에 작은 것 하나 오로지 내 판단으로 선택하고 결정하기 쉽지 않다. 더구나 실패에 대한 두려움으로 행동을 해야 할 때에도 몸을 사리게 된다. 이 기간이 길어지면 자신감만 떨어지게 되는데, 이럴 때일수록 큰 결과를 바라기보다는 작은 성취를 목표로 하는 게 좋다.

반드시 성공한 결과가 아니어도 좋다. 아무 일도 일어나지 않는 1년보다 매일매일 처절하고 치열하게 보낸 경험이 낫다. 성공이든 실패든 내가 한 행동에 대한 결과를 받아들이고 나면 앞으로 어떤 방식으로 나아가야 할지 길이 보이기 때문이다.

또 한 가지, 이 시기에는 부정적인 말을 하는 친구를 멀리해야 한다. 부정적인 사고를 가진 사람의 장점은 리스크에 예민하고 문제점을 잘 찾아내는 것이다. 이는 시행착오를 줄이기 위해서는 사업에 필요한 감각이긴 하지만, 이런 친구들은 사업이 잘되고 있을 때 만나야 도움이 된다. 문제점과 허점투성이인 창업 초기에 만나면 부정적인 이야기만 듣게 될 것이 빤하다.

사업을 이제 막 시작한 창업가가 부정적인 사고와 불안한 눈빛으로 미팅을 하는 건 큰 문제다. 창업가는 에너지가 정말 중요하다. 무엇이든 해낼 수 있다는 자신감과 긍정적인 에너지를 풍겨야 거래처에서도 믿고 일을 맡길 수 있기 때문이다.

반대로 자신감이 넘쳐나는 성향의 사업가인 경우에는 자신의 능력에 대한 검증을 확실하게 하는 것이 좋다. 의욕만 앞서서 현재의 내가 할 수 없는 일도 맡아서 하게 되면 결과는 물론이고 회사에 대한 신뢰도 회복할 수 없다.

▶ 2년 차, 선택
한 가지로 줄여야 흔들리지 않는다
- 내가 좋아하는 일과 잘하는 일 구분하기
- 때로는 과감하게 결정하기

– 때로는 나의 선택을 의심하기

2년 차는 1년간 사업을 해보면서 이제 조금 익숙한 일들이 제법 생긴 시기이다. 지인 중 사업하는 사람의 비율이 늘어가고, 성과를 내고 싶은 욕심에 여러 일을 시도해보기도 한다. 여기서 주의할 것은 주력하고 싶은 일 한 가지를 선택해야 한다. 여러 일을 하다 보면 여러 곳에서 다양한 사업 제안이 들어오긴 하지만 기준 없이 여러 일을 맡다 보면 결국 우리가 무슨 회사인지를 잊게 된다.

이제는 내가 좋아하는 일과 잘하는 일을 구분해야 할 때다. 어중간하게 이 일 저 일 모두 해보는 것이 아니라 한 가지 일을 선택해 이전보다 깊이 있는 활동을 해보는 것이 회사가 성장하는 데에 더 도움이 된다. 때로는 좋아하지만 잘하지는 못하는 일을 포기하는 과감한 결정을 하면서 부딪혀보는 것도 좋다. 그러면서도 자신의 선택이 틀릴 수 있다는 사실도 잊지 말아야 한다. 선택과 의심을 반복하면서 점차 우리가 집중할 사업을 뾰족하게 만들어가야 한다.

▶ 3년 차, 집중
어떤 외압에도 오로지 한 가지에만 집중
– 어설프게 기웃거리지 않기

- 숨이 차오를 때까지 달리기
- 긍정적인 마인드 유지하기

   2년 차엔 선택한 일을 끝까지 집중해서 해보는 시기이다. 이제부터는 지구력의 싸움이다. 2년 차까지를 창업 초기라고 본다면 이제는 본격적으로 전문 사업가가 되어야 한다. 한 가지 분야만을 집중적으로 해왔다면 3년 차에는 가시적으로도 실적이 드러나는 시기이다. 하지만 실적이 나는 것과 동시에 새로운 어려움이 생기기도 한다. 이럴 때 스스로 긍정적인 마인드를 유지해야 한다.

   3년 차부터는 회사의 정체성이 확립되는 시기이다. 이제 한 분야의 전문가라고 느낄 만큼의 차별화된 전문성이 있어야 한다. 어느 분야의 전문가라는 입소문이 나면서 사업 소개를 받게 되는데, 따라서 그 어느 때보다 업무량이 많기 때문에 이 기세에 회사를 한 단계 성장시켜 다음 단계로 넘어가야 한다.

▶ 4년 차, 개선

모든 걸 줄이고 가벼워지자
- 위기는 이렇게 활용한다
- 나의 사업 방식에 대한 장·단점 정리

시장에서도 인정받는 회사가 되면서 업무가 많아진다. 인력을 늘려야 하고 매출만큼 더 많은 세금을 내야 한다. 그만큼 회사가 안정되었다는 뜻이기도 하지만, 거래처도 많아지고 직원들의 퇴직금도 쌓여 가면서 정작 대표인 내가 가장 가난하다고 느껴진다. 사업을 이런 방식으로 지속하는 게 맞는지 고민하게 된다. 더 잘해보려고 벌인 일들이 실패로 이어지고 회사에 직접적인 타격이 오기 시작하면 대표로서 한계가 보인다.

이럴 때는 모든 걸 줄이고 가벼워져야 한다. 조직이든 사업이든 부담이 되는 일부는 정리하는 것이 좋다. 그렇게 불필요한 일들을 모두 제거하고 난 뒤에 남는 뼈대를 보아야만 나의 사업 방식에 어떤 문제가 있는지 발견할 수 있다.

사업에는 정답이 없지만 단점은 최소화하고 장점을 살리면서 내게 최적화된, 더 효율적인 방법을 찾아야 한다. 가벼워진 규모로 회사를 다시 분석하고 조직과 수익 구조를 리뉴얼해보는 것이 좋다.

▶ 5년 차, 기회 창출
전략적 투자자는 새로운 사업 환경을 만든다
- 겜블러 근성
- 비즈니스 네트워크는 현명하게

– 이제 기회가 온다

5년 차에는 시야를 넓혀볼 시기다. 사업을 하면 정말 다양한 사람을 만나게 되는데 내게 도움이 되는 파트너일지, 이득만을 취하고 떠나갈 사람일지를 창업 초기에는 파악하기 어렵다. 이제부터는 사업을 확장하기 위해 전략적으로 투자자와 파트너를 찾아야 한다. 그렇다고 무분별하게 모임을 갖거나 외부활동을 해서는 안 된다. 자칫 회사에 소홀해질 수 있기 때문이다. 젊은 사업가가 많은 모임에 나가면 나이가 젊다는 이유로 모임에서 해야 할 일들이 많을 수 있다. 보고 배울 수 있는 경력의 사람들이 포진해있는 모임을 선택해야 한다.

비즈니스 네트워크에 참여하다 보면 갑작스럽게 인간관계가 넓어지게 된다. 그만큼 연락도 자주 오는데 이때 오는 기회를 잘 선택해 잡아야 한다. 내 분야와 완전히 다른 사업보다는 지금까지의 경력을 이용할 수 있는 사업 기회가 온다면 잡아도 좋다. 변화를 받아들이되 책임질 수 있는 만큼의 변화에 베팅을 해보자.

▶ 6년 차, 돈과 밀당
너무 가까이도 멀리도 가지 않도록 한다
– 돈도 에너지가 존재한다

- 돈과 연애하는 법

 그사이 큰 위기가 없었다면 돈을 제법 벌고 있을 시기이다. 마음 잘 맞는 전략적 투자자를 만나 회사가 큰 폭으로 성장하게 되면 돈이 무섭게 벌리기도 한다. 이때 조심해야 할 것이 돈과의 밀당이다. 사업이 잘된다는 소문이 돌기 시작하면 '돈을 빌려 달라'거나 '투자해 달라', '새로운 사업을 시작해보자'는 연락이 오게 된다. 다른 사업가들처럼 투자도 해보고 싶고 새로운 사업도 벌이고 싶어진다. 그렇게 자신도 모르게 돈이 새기 시작한다.

 물론 사업을 하면서는 돈을 아끼기만 해도 돈을 벌 수 없다. 어느 정도의 지출이 있어야 수입으로 돌아오기도 한다. 하지만 돈을 쓰기만 해도 문제다. 그동안 회사를 안정적으로 만드는 데 집중했다면 지금부터는 자본을 어떻게 운용하면 좋을지, 투자는 어디에 어떻게 하면 좋을지 계속 공부해야 한다. 자본이 있는 만큼 현명하게 소비해야 더 큰 부로 이어질 수 있다.

▶ 7년 차, 반복
어느 시점이 되면 다시 처음부터 반복이다.
- 역사는 반복된다

- 초심이 왜 중요한가

　사업 연차가 길어지니 어느 시점부터는 도전-선택-집중-개선-기회의 5단계가 반복된다는 걸 알게 됐다. 사업이 성공적이든 그렇지 않든 위의 5단계를 반드시 거치게 된다는 것 또한 알게 됐다. 5단계의 마지막이 '기회'인 만큼 도전과 선택과 집중과 개선의 과정을 거치면 반드시 기회가 온다. 이 사실이 중요하다. 도전하지 않으면 선택할 일이 없고, 선택한 뒤에야 집중할 수 있으며, 그러다 보면 문제를 발견해 개선할 수 있게 된다. 이제 기회가 올 차례다.

　아이두 커뮤니케이션즈가 코스닥 상장사와 M&A가 된 이후에도 이 단계는 나를 찾아왔다. 상장사의 자회사로 일하는 건 처음 회사를 창업할 때 만큼의 경험이었다. 분기별, 연도별로 재무점검을 하던 수준에서 이제는 매월 회계장부를 만들고 경영의 모든 기준은 상장사를 따라야 했다.

　회사가 성장하면서 이전과는 다른 수준의 새로운 도전이 필요했던 나는, 현재 미래 광고 마케팅 시장의 새로운 모델을 만들기 위해 플랫폼이라는 분야를 선택해 사업에 집중하고 있다. 실패를 반복하며 문제점을 개선해나갈 것이고 분명 그 뒤엔 기회가 올 것임을 알기에 일이 잘 풀리지 않더라도 불안하지 않다. 확신이 있기 때문이다. 오랜 경력의 사업가들이 초심을 중요하게 생각하는 것도 이 때문이다. 사업가로 사는 이상 위 5단계를 반복해야 할 것이다.

▶ 8년 차, 나만의 사업공식 만들기
이제 당신은 성공할 준비가 되었다
- WHY에 대한 답 찾기
- 실패의 경험에서 반복된 루틴 찾기
- 성공한 사업가를 만나며 공식 다듬기

어떤 일이든 기간은 다를 수 있어도 실수와 실패의 경험이 성공으로 이어지는 건 동일할 것이다. 그럼에도 나만의 사업공식을 만드는 이유는 더 높이, 더 멀리 가기 위함이다. 나라는 사람의 기질을 파악하고 업무 스타일을 분석한 후에 만들어낸 사업 공식은 다른 사람이 아닌 나를 위해 필요하다. 실패의 순간마다, 두려운 순간마다 꺼내 마음을 다잡아야 하기 때문이다.

그러기 위해서는 내가 왜 사업을 하는지, 사업을 통해 얻으려는 것이 무엇인지 답을 알아야 한다. 나만의 경영철학을 찾지 못하면 더 멀리 가기 어렵다. 실패한 경험을 분석하면서 반복되는 루틴을 찾고 성공한 사업가를 만나며 공식을 다듬으면서 확고한 신념과 나만의 철학을 만들어야 한다. 열심히만 하면 되는 단계는 지난 지 오래다. 한 기업의 대표는 수많은 직원과 그들의 가족을 책임져야 하고. 내가 만든 서비스나 제품이 사회에 얼마나 기여할 수 있는지도 생각해야 한다.

영향력이 커질수록 경영자의 철학과 생각이 사회에 미치는 파급력이 크다. 성공의 척도는 부가 아니라 사회적 영향력이라고 생각한다. 나 또한 사회에 기여하는 사업가가 되길 희망한다.

07

작은 성과에 감사하기
회사가 커지면서 생긴 일

2017년 상장사와 M&A 이후 나의 눈은 세계를 향하기 시작했다. 국내 마케팅에만 국한되어 있던 사업을 확장하고 싶어졌다. 매출 뿐 아니라 영업이익이 창업 이래 최대치를 기록하고 있었는데 우리 회사의 수익모델로는 더 큰 성장에는 한계가 있다고 생각했기 때문이다.

그렇게 만들어진 글로벌 사업본부에서는 다양한 글로벌 사업을 추진했다. 중국, 프랑스, 호주에서 인력을 채용했고, 회사의 고정적인 수입 창출을 위해 중소기업 대표 출신, 대기업 출신의 임원도 채용했다. 분위기를 탄 우리 회사는 거침이 없었다.

먼저 글로벌 사업본부에서 시도해본 여러 사업 끝에 팬클럽 분야에서 성과가 나기 시작했고, BTS를 비롯해 국내 정상급 아이돌의 광고를 수주하기에 이르렀다. 뿐만 아니라 마케팅 시장의 경계가 무너지면서 오프라인 프로모션 행사 문의도 날로 늘어만 갔다. 우리는 이 기세를 틈타 직원을 대거 채용하면서 프로모션 사업부를 신설해 굵직한 오프라인 행사까지 진행할 수 있었다.

그동안의 아이두 커뮤니케이션즈는 마치 1인 기업처럼 대표가 맡은 업무량과 영업 의존도가 높았다면, 이제는 각 부서별 리더가 결정하고 보고하는 방식의 시스템이 실현되었다. 내가 없어도 회사가 원활하게 운영이 되는 것 또한 감격스러웠다. 디지털 마케팅으로 한정되어 있던 사업을 다양한 분야로 확장하다 보니 여러 기업에서 광고 문의와 사업 제휴 전화가 빗발쳤고 업계에서 우리 회사에 대한 평판이나 기대감도 날로 늘어만 갔다. 이제는 무슨 일을 하든 잘 될 것 같다는 기분마저 들었다. 하지만 그때는 알지 못했다. 빠른 성장은 오히려 독이 될 수도 있다는 걸.

각 부서별로 밀려드는 결제 건과 모회사의 기대감이 점점 부담으로 느껴지기 시작했다. 전보다 몸은 편해졌을지도 몰라도 마음이 불편하고 바빴다. 회사에 유능한 직원이 많아지면서 요구하는 수준도 상당히 높아졌다. 회사의 목표와 꿈이 커지고 더 높은 곳을 향할수록 그를 만족시켜야 한다는 생각이 나를 압박했다. 불과 2년 만에 광고 취급액이 5배가 늘었음에도 만족이 안 되었다. 심지어 직원들이 한 달간 노력해 준비한 프로젝트를 수주했을 때에도 나는 고작 5억 규모밖에 되지 않는다고 생각했다. 오로지 최대 매출 달성, 최대 투자, 최소 리스크에만 집중했다.

그러다 보니 회사의 슬로건은 분명 'YES, I DO'인데 나는 매일 'NO'만을 외치고 있었다. 더 잘하려는 욕심이 화를 불러일으킨 거였다. 회사는 문제없이 잘 나아가는데 이상하게도 내 마음은 회사가 어려웠던 때와 다를 바 없었다. 마음의 여유가 없어서인지 한동안 잠이 들지 못했고 얼굴은 점점 피폐해져 갔다. 그러던 차에 만난 선배는 고민을 털어놓는 내게 이렇게 말했다.

"작은 성과에 감사해 봐. 아주 작은 것들 있잖아. 큰 성과만을 보고 달려가면 어떤 일이든 계속 실패한 느낌밖에 들 수 없어."

그제야 나는 깨달았다. 항상 긍정적이었던 예스맨인 내가 변한 이유는 큰 결과에 집착했기 때문이었다는 것을 말이다. 그러다 보니 스스로에게 너무나 박한 사람이 되어있었다. 충분히 칭찬해줄 만한 성과에도 만족하지 못하고 그다음 단계만을 생각했다. 이런 생각이 동료 직원들에게까지 표출이 되었다는 게 가장 큰 문제였다. 이렇게 유능한 직원들이 우리 회사에서 일하는 것, 탄탄하고 안정적인 모회사를 만나 전문가들 사이에서 경영을 배울 수 있는 것, 폐업 위기의 회사를 지금까지 운영할 수 있는 것 모두 내 눈앞에 놓인 행운이자 성과였는데 말이다.

이후로 나는 내게, 그리고 직원들에게 엄격한 만큼 분명한 칭찬을 해주기로 마음먹었다. 성공적으로 완수한 프로젝트를 축하하고, 작은 사업이라도 계약이 성사되면 함께 기뻐했다. 그렇게 작은 성과에 감사하다 보니 다시 평정심을 유지할 수 있었고, 대표가 변화하니 직원들의 업무 분위기도 부쩍 편안해졌다.

리더의 멘탈이 무너지는 게 회사의 가장 큰 악재라고, 나는 생각한다. 성과에만 목마른 대표 밑에서 직원들은 말라갈 수밖에 없다. 회사를 운영하다 보면 멘탈이 무너질 일이 한두 가지가 아닌 데 그럴 때마다 휘청거려서는 규모가 커지는 회사를 감당할 수 없다. 그럴 때는 신기루 같은 오아시스를 찾을 것이 아니라 눈앞에 놓인 성과를 떠올리며 멘탈을 유지해야 한다. 그래서 사업 10년 차임에도 나는 여전히 겸손하다는 말이 가장 듣기 좋다.

08

스트레스 관리
받아들이기, 흘려보내기

정기 검진을 받을 때마다 의사에게 듣는 말이 있다.

"몸은 별 이상이 없네요. 다만 스트레스 관리를 잘하세요."

늘 따라다니는 두통과 속 쓰림, 근육통증, 불면증, 식욕부진의 원인
이 모두 스트레스 때문이라는 말이었다. 내과를 가도, 신경외과를 가
도, 안과를 가도 찾을 수 없는 통증과 이상 증상이 모두 스트레스 때문
이라니.

사업을 하기 전까지는 스트레스를 크게 받는 편이 아니었다. 안정된 가정을 유지하려고 노력하신 부모님 밑에서 부유하진 않아도 부족하지 않게 자랐고, 친구 관계도 원만한 편이라 교우 관계로 힘들어 본 적도 없었다. 큰 아픔과 고통 없이 10대를 보내고 나니 도전 앞에서 거침이 없었고, 그래서 세상이 얼마나 무서운지도 모른 채로 사회생활을 시작했다. 상처를 받아본 적이 없기에 상처를 주는 법도 몰랐는데, 사업을 시작하고 나서는 수많은 사람과 상황에 상처를 받기도 하고 도리어 내가 상처를 주면서 다년간 스트레스가 쌓인 것이다. 상대적으로 스트레스에 취약했던 나는 몸으로 증상이 나타나기 시작했다.

스트레스를 받지 않는 사람은 없지만 스트레스를 관리하지 않는 사람은 많다. 나는 고통을 최소화하기 위해, 사업을 지속하기 위해 스트레스 관리법을 터득했다고 볼 수 있는데, 방법은 바로 '받아들이기'와 '흘려보내기'이다.

스트레스 받아들이기

일을 배우면서 잠시 몸담았던 광고회사에 유능한 마케팅 실장님이 한 분 있었다. 실장님의 주 업무는 광고 디자인이었지만 제안서 작성,

광고 카피라이팅, 매체 기획, 재무회계까지 못 하는 분야가 없었다. 그래서 회사의 대부분의 직원이 실장님의 지시에 따라 업무를 진행했는데, 작은 실수, 작은 흐트러짐조차 용납하지 않는 실장님의 성격 때문에 회사에는 바람 잘 날이 없었다.

평사원, 인턴 할 것 없이 실수가 있으면 퇴근은 불가능했다. 실장님은 어떠한 상황에서든 실수 없이 완벽했고, 모든 업무를 깔끔하게 처리하는 능력자였기에 다른 사람의 실수를 이해하지 못했다. 업무 외적인 것으로 직원을 괴롭히거나 인신공격이나 욕설이 아닌 객관적인 실수를 지적했기에 감정적으로 대응하기보다는 잘못한 일을 빨리 수정을 하는 게 올바른 대처였을 것이다. 하지만 감정을 배제할 수 없었던 나와 직원들은 실장님에게 받는 스트레스가 이만저만이 아니었고, 스트레스에 지쳐 회사를 그만두는 직원까지 있었다.

그럼에도 직원 중 누군가는 실장님 밑에서 잘못한 점을 수정해가며, 실수를 줄여가며, 더 나은 방향을 찾아가며 성장해나갔다. 어떤 직원은 실장님에게서 배운 노하우로 높은 연봉으로 대기업으로 이직하기도 했다. 실장님이 직원을 차별한 것도 아니었는데, 모두에게 공평하게 업무적인 지적을 했을 뿐인데 누군가는 회사를 그만두고 누군가는 스카우트 제안을 받은 것이다. 어떤 차이가 있었을까.

물론 실장님의 직원 관리 방식이 옳다고 생각하지는 않는다. 직원들을 향한 기준도 과하게 높았다고 생각한다. 하지만 누군가는 실장님의 지적을 감정적으로 처리하는 대신 업무능력을 향상할 기회로 만들었다. 그도 실장님의 말투와 태도에 스트레스를 받지 않았을 리는 없다. 다만 스트레스는 그저 스트레스로 받아들이고, 업무에만 집중해 빠르게 배워나갈 수 있었던 것이다. 디테일은 본래 긴장감 속에서 유지할 수 있다. 느슨함이 몸에 배면 디테일한 업무를 놓치기 쉽기 때문이다. 적당한 스트레스는 긴장감을 유지시켜 업무에 도움이 되기도 한다. 스트레스의 과정과 원인은 바꿀 수 없어도 결과는 바꿀 수 있다.

스트레스 흘려보내기

스트레스를 받아들여 업무에 활용하는 시기가 있다면 쌓인 스트레스를 휴식을 통해 흘려보낼 시기도 분명 필요하다. 여기서 중요한 것은 완벽한 휴식이다.

완벽한 휴식에 대한 필요성을 느낀 건 내가 해결할 수 없는 일들이 쌓이고, 책임져야 할 선택이 동시다발적으로 늘어나면서부터다. 스트레스가 내가 컨트롤할 수 없는 수준까지 다다른 것 같았다. 난 스트레스를 잘 이겨내는 사람이라고 생각했는데 그게 아니었다. 특히 내가 걸어갈 길을 스스로 만들면서 나아가는 사업가로 살아간다는 건 매 순간 불안을 안고 살면서 동시에 자신감도 가져야 하는 모순된 존재라서, 크고 작은 스트레스를 잘 버티다가도 큰 위기 앞에서 와르르 무너져 내리곤 했다.

스트레스로 인해 나라는 사람 자체를 부정하기 시작하면 끝도 없이 아래로 곤두박질치기 마련이다. 불안감과 패배감 때문에 무기력해지기 일쑤다. 그럴 때마다 스트레스를 어떻게든 이겨보려 다양한 스트레스 해소법을 시도했지만 번번이 실패했고, 그 과정을 통해 어떤 종류의 스트레스는 이겨내는 것이 아니라 그냥 흘려보내야 한다는 걸 깨닫게 되었다.

술도 진탕 마셔보고, 친구들을 만나 수다를 떨기도 하고, 여행을 떠나 생각 정리를 하려고 해도 해소되지 않는 스트레스는 그대로 흘려보내야 한다. 억지로 해결하거나 해소하려 들다가는 오히려 상처가 덧날 수 있기 때문이다. 시간이 해결해주리라 믿으며 스트레스를 잊은 듯이 살아야 한다.

누구나 스트레스를 받으며, 안고 살아간다. 사업을 하는 사람만이 아니다. 평범한 직장인도, 학생도, 주부도 나름의 스트레스가 있다.

그러니 우리가 스트레스 앞에서 해야 할 일은 내가 스트레스를 받고 있다는 사실을 받아들이고, 다양한 방법으로도 해소되지 않는 스트레스는 언젠가 사라지리라 믿으며 잊은 듯이 흘려보내는 것이다. 머리를 싸매고 고민하지도, 스트레스를 풀려고 노력하지 않아도 된다. 이것이 사업가로서 내가 찾은 스트레스 관리법이다.

지금부터 결정은 내가 한다
자기 삶의 CEO들에게

#

세 번째 휴학을 결정했을 때 나는 27살이었다. 첫 휴학이야 군대 때문에 어쩔 수 없었다지만 두 번째와 세 번째 휴학은 모두 선택의 문제였다. 스물아홉이라는 나이는 미래에 대한 확실한 답을 찾아야 한다는 것을 의미했고, 섬세한 계획과 목표가 필요했다. 그리고 이 길을 선택했다.

창업은 특별한 사람들만 하는 것이라 여겼던 때, 아직 고졸이었고 겨우 사회 초년생이었지만 회사를 창업했다. 나 같은 평범함 사람이 창업할 수 있었던 것은 약간의 운과 준비된 자신감 때문이었다. 나도 주변도 모두 무모하다고 생각했지만 행복했다. 내가 하고 싶었던 일이 무엇인지 알았기 때문이다.

현자들이 말했듯이 인생은 두 개 또는 그 이상의 갈림길에서 선택하는 일의 반복이다. 어느 것이 성공하는 선택이고 그 끝이 좋을지 가보지 않고는 알 수 없다. 선택을 거듭할 때마다 행복할 수 있는 방법은 하고 싶은 일이 무엇인지 잘 아는 것이다. 그리고 그 일을 선택하는 것이다. 한 길을 꾸준히 오래 걷는 이들은 선택할 때마다 다시 그 길을 선택했기 때문이다.

치열하게 보낸 20대는 정말 많은 사람과 다양한 경험을 선물해 주었고, 나에 대한 이해와 설명할 수 없는 확신을 선물해 주었다. 내게 20대에 무엇을 해야 하냐고 묻는다면 '치열하게 경험하고 무조건 만나보라.'라고 대답하겠다.

누구보다 왕성한 20대를 보냈다고 자신하지만 '더 많은 사람을 만나고 더 많은 경험을 해볼걸' 하는 생각이 든다. 우린 모두 길고 긴 시간을 책상에 앉아있었다. 우리가 지나고 있는 불안정한 사회와 경제 등의 상황은 더 오랜 시간을 책상에 앉아있기를 강요하고 있다.

'시간이 지나고 보니 20대 때 해야 할 것이 무엇인지 알게 되었다'라고 말하는 일반적인 경험을 겪지 않아야 한다. 어떤 경험이든 20대에 하는 것과 30대에 하는 것은 결과가 다르다.

치열하게 경험하고 무조건 만나라. 좋은 판단력과 사람을 얻을 수 있을 것이다. 그리고 자신이 앞으로 할 일과 사는 방법에 대한 기준이 생길 것이다.

###

21살 때 스스로 한 결정 이후 나는 많은 것을 얻었다. 세상과의 부딪힘은 깨달음과 배움으로 남았고, 사람이라는 가장 귀한 사회적 자본과 금융적 자본까지 생겼다. '창업을 결정한 것'이 이런 결과를 남겼다.

온라인 시장을 겨냥한 광고사업을 선택한 것은 운이 따랐지만, 버텨내면서 수많은 기회를 얻은 것은 결코 운이 아님을 알고 있었다. 고생과 노력의 시간이 쌓인 지금 비로소 내가 살아온 방식에 확신을 가지게 되었다.

내가 잘할 수 있는 일을 얼마나 오래 할 수 있는가가 중요하고, 하고 싶은 일이 무엇인지가 중요하다. 누가 뭐라 하든지 그저 내가 하고 싶은 일을 묵묵히 하다 보면 기회가 온다.
그리고 그 기회는 반드시 스스로 결정했을 때 온다고 생각한다.

무엇을 해야 할지 결정하기는 쉽지 않다. 좋아하는 일을 하고 싶지만, 그 결정에 뒤따르는 상황을 감당하기 어렵다면 더욱 그렇다. 분명한 것은 앉아서 결정할 일도, 혼자만의 생각과 판단으로 결정할 일도 아니라는 것이다. 상상이 곧 현실이 되는 것은 판타지다. 사람을 만나고 경험을 하고 결정하는 것이 옳다고 생각한다.

더불어 좋아하는 일을 찾거나, 하고 있거나, 한가지 영역에서 내공을 쌓는 사람들에게 절대 포기하지 말라는 말을 해주고 싶다. 나와 그대들이 스스로 한 결정이 옳기 때문이다.

[에필로그]

왜 창업했어요?

내가 하고 싶은 일 하면서 재미있게 살고 싶어서.

본래 나는 창업이 목표가 아니었다. 단지 내가 하고 싶은 일을 하면서 원하는 만큼 일하고 놀면서 나를 좋아하는 사람들에게 인정받고 싶었을 뿐이었다. 다만, 내 성향상 하나하나 단계를 밟아가며 배우는 것보다 뭐든 몸으로 부딪치고 경험하면서 배우는 것을 좋아하다 보니 선택의 기로가 왔을 때 창업을 '선택' 했을 뿐이다. 창업이든 취업이든 어려운 건 매한가지이다. 요즘 갈수록 삶이 팍팍해지고 기회가 없다고들 하지만 경제가 좋을 때도 안 좋을 때도 기회는 만드는 사람의 것이었다. 내가 아무것도 하지 않는데 어떤 일이 벌어지겠는가. 재미있게 놀면서 살고 싶으면 그런 일을 찾아보면 된다. 세상엔 재미있는 일이 아주 많다. 내가 재미있는 게, 하고 싶은 게 무엇인지만 알고 있다면 어떤 일이든 시작할 수 있다.

학창시절 함께 보낸 내 친구들 중 오랜만에 만나서 내가 사업을 한다고 하면 깜짝 놀라는 친구들이 있다. 그만큼 나도 특별한 사람이 아니었다. 창업은 특별한 사람들의 것이 아닌 선택의 문제임을 잊지 말자. 최근 정부 정책과 세계적인 추세로 젊은 창업가에 대한 지원은 상당히 많다. 사무실이든 교육이든 투자든 이를 적극적으로 활용해보고 내가 하고 싶은 일을 원하는 시간에 원하는 만큼 일할 수 있도록 조금만 알아보면 정말 재미있고 즐겁게 살 수 있다. 그래서 취업은 싫고 하고 싶은 건 많은 친구들에게는 꼭 이 말을 전하고 싶다.

'야, 너도 할 수 있어.'